Teenie Kochbuch

Damit „kochen“ kein Fremdwort bl

Über 100 spannende und leckere Rezepte Schritt für Schritt erklärt -Wecke den Spitzenkoch in dir

Ann-Kathrin Klug

Ann-Kathrin Klug

TEENIE

KOCHBUCH

DAMIT "KOCHEN"
KEIN FREMDWORT BLEIBT

INHALT

FRÜHSTÜCK

SALATE

HAUPTSPEISEN

NACHSPEISEN

SNACKS

SMOOTHIES

Impressum

Deutschsprachige Erstausgabe Februar 2024

Wendt & Marvs
Marvin Klug
Hauffstraße 4
26386 Wilhelmshaven
Deutschland

Covergestaltung und Satz: Wolkenart - Marie-Katharina Becker, www.wolkenart.com

1. Auflage

ISBN: 978-3-9825231-9-4

VORWORT

Herzlich willkommen in der aufregenden Welt des Kochens! Mein Name ist Ann-Kathrin Klug und ich freue mich riesig, dich durch dieses Kochabenteuer für Teenager zu begleiten. In diesem Buch geht es nicht nur darum, wie man köstliche Gerichte zubereitet, sondern auch um Spaß, Kreativität und die Freude am gemeinsamen Kochen.

Mit diesem Kochbuch möchte ich dich dazu inspirieren, die Küche zu erobern, unabhängig davon, ob du absoluter Anfänger bist oder bereits erste Kocherfahrungen gesammelt hast.

Die Ziele dieses Buchs sind vielfältig:

- **Spaß am Kochen:** Kochen soll keine lästige Pflicht sein, sondern eine unterhaltsame und kreative Tätigkeit. Lass uns gemeinsam entdecken, wie viel Freude das Zubereiten von Mahlzeiten bereiten kann!
- **Gesunde Ernährung:** Wir werden uns mit ausgewogenen und nahrhaften Rezepten beschäftigen, die nicht nur lecker, sondern auch gut für deinen Körper sind. Gesundes Essen kann so einfach und schmackhaft sein!
- **Selbstständigkeit in der Küche:** Du wirst lernen, dich selbstbewusst in der Küche zu bewegen, Zutaten zu kombinieren und kreative Variationen zu schaffen. Deine Küche wird zu deinem persönlichen Experimentierfeld!
- **Gemeinschaft und Teilen:** Kochen bringt Menschen zusammen. Egal, ob ihr für euch selbst kocht, mit Freunden experimentiert oder eure Familie mit köstlichen Mahlzeiten verwöhnt – die Freude am Teilen und gemeinsamen Genießen steht im Mittelpunkt.
- **Kulinarische Vielfalt entdecken:** Wir werden gemeinsam auf eine kulinarische Reise gehen, internationale Küchen erkunden und neue Geschmackserlebnisse entdecken. Lass dich von der Welt inspirieren und deinem Gaumen neue Horizonte eröffnen!

Ich hoffe, dass dieses Buch nicht nur deine Küchenerfahrung bereichert, sondern auch dein Selbstvertrauen stärkt und dir zeigt, dass Kochen viel mehr ist als nur die Zubereitung von Mahlzeiten. Es ist eine kreative und unterhaltsame Aktivität, die dich ein Leben lang begleiten kann.

Die Rezepte in diesem Buch sind immer für 2–3 Personen gedacht. Lass uns gemeinsam die Kochlöffel schwingen und die kulinarische Welt erkunden!

Guten Appetit und viel Spaß beim Kochen!

Kulinarische Grüße,

Ann-Kathrin Klug

WICHTIGE UTENSILIEN

In deiner Küche solltest du folgende Grundausstattung haben:

- **Kochmesser:** ein scharfes Messer ist das wichtigste Werkzeug in der Küche.
- **Schneidebrett:** um deine Arbeitsfläche zu schützen und eine sichere Schnittunterlage zu bieten.
- **Pfannen und Töpfe:** verschiedene Größen für unterschiedliche Gerichte.
- **Spatel, Löffel und Pfannenwender:** für das Umrühren und Wenden von Speisen.
- **Messbecher und Löffel:** zum genauen Abmessen von Zutaten.
- **Rührschüsseln:** in verschiedenen Größen für das Mischen von Zutaten.

SICHERHEIT UND HYGIENE

Sicherheit und Hygiene sind in der Küche sehr wichtig:

- **Immer Hände waschen:** Vor und nach dem Kochen, besonders nach dem Umgang mit rohem Fleisch oder Eiern.
- **Saubere Arbeitsflächen:** Halte deine Arbeitsbereiche und Utensilien sauber.
- **Vorsicht beim Umgang mit scharfen Gegenständen:** Lerne, wie man Messer sicher benutzt und aufbewahrt.
- **Hitzequellen beachten:** Sei vorsichtig mit heißen Öfen, Herdplatten und Flüssigkeiten.

EXPERIMENTIEREN UND LERNEN

Kochen ist eine Fähigkeit, die durch Übung besser wird. Trau dich, zu experimentieren und aus Fehlern zu lernen. Jedes Rezept bietet die Möglichkeit, etwas Neues auszuprobieren und deinen eigenen Geschmack zu entwickeln.

Jetzt, da du die Grundlagen kennst, lass uns anfangen, köstliche Gerichte zu zaubern!

FRÜHSTÜCK

APFEL-ZIMT-PORRIDGE

Zutaten:

1 Tasse Haferflocken

2 Tassen Milch oder eine pflanzliche Milchalternative wie Mandel-, Soja- oder Hafermilch

1 Apfel, geschält und grob geraspelt

1/2 Teelöffel Zimt

1–2 Esslöffel Honig oder Ahornsirup (nach Geschmack)

optional: eine Prise Muskatnuss

optional: gehackte Nüsse oder Samen zur Dekoration

1. In einem Topf die Haferflocken und Milch (oder Milchalternative) bei mittlerer Hitze zum Kochen bringen. Rühre gelegentlich, um ein Anbrennen zu verhindern.
2. Sobald die Mischung köchelt, füge den geraspelten Apfel und Zimt (sowie Muskatnuss, falls verwendet) hinzu. Rühre alles gut um.
3. Lasse das Porridge unter gelegentlichem Rühren köcheln, bis es die gewünschte Konsistenz erreicht hat. Dies dauert normalerweise etwa 5–10 Minuten.
4. Nimm das Porridge vom Herd und süße es nach Geschmack zusätzlich mit Honig oder Ahornsirup. Verteile es auf Schüsseln und garniere es optional mit gehackten Nüssen oder Samen.
5. Sofort warm servieren.

Dieses Porridge-Rezept ist nicht nur lecker und wärmend, sondern auch nahrhaft. Der Apfel liefert natürliche Süße und Ballaststoffe, während Zimt eine angenehme Würze hinzufügt. Es ist ein perfektes, herzhaftes Frühstück, das dich satt macht und dir Energie für den Tag gibt.

AVOCADO-TOAST MIT POCHIERTEM EI

Zutaten:

1 reife Avocado

2 Scheiben Vollkornbrot

2 frische Eier

1 Prise Salz

schwarzer Pfeffer

optional: Chiliflocken oder frische Kräuter wie Petersilie oder Schnittlauch

1. Halbiere die Avocado, entferne den Kern und löffele das Fruchtfleisch heraus. Zerdrücke das Avocado-Fruchtfleisch mit einer Gabel in einer Schüssel. Füge eine Prise Salz und Pfeffer hinzu.
2. Toaste die Vollkornbrotscheiben in einem Toaster oder einer Pfanne, bis sie knusprig sind.
3. Bringe Wasser in einem Topf zum leichten Köcheln. Schlage jedes Ei vorsichtig in eine kleine Tasse oder Schüssel. Rühre das Wasser, um einen Wirbel zu erzeugen, und lass dann das Ei vorsichtig ins Wasser gleiten. Lass das Ei 3–4 Minuten pochieren, bis das Eiweiß fest ist, aber das Eigelb noch weich. Wiederhole dies mit dem zweiten Ei.
4. Verteile die zerdrückte Avocado gleichmäßig auf den Toastscheiben. Lege darauf jeweils ein pochiertes Ei. Bestreue es mit einer Prise Salz, Pfeffer und optional Chiliflocken oder gehackten Kräutern.
5. Sofort servieren und genießen!

Dieses Rezept ist nicht nur lecker, sondern auch reich an gesunden Fetten, Proteinen und Ballaststoffen, was es zu einer ausgezeichneten Wahl für ein nahrhaftes Frühstück macht.

BANANENBROT

Zutaten:

3 reife Bananen

1/3 Tasse geschmolzene Butter

1 Teelöffel Backpulver

1 Prise Salz

3/4 Tasse Zucker (kann reduziert werden, je nach Süße der Bananen)

1 großes Ei, geschlagen

1 Teelöffel Vanilleextrakt

1,5 Tassen Weizenmehl

1. Heize den Ofen auf 175 °C vor und fette eine etwa 23×13 cm große Kastenform.
2. Zerdrücke die reifen Bananen in einer großen Schüssel mit einer Gabel, bis sie komplett püriert sind.
3. Mische die geschmolzene Butter mit den zerdrückten Bananen. Füge dann das geschlagene Ei und den Vanilleextrakt hinzu und vermenge alles gut.
4. In einer separaten Schüssel das Mehl mit dem Backpulver und einer Prise Salz vermengen.
5. Gib die Zucker-Mehl-Mischung zu den Bananen und rühre, bis der Teig gerade eben vermischt ist. Überrühre den Teig nicht.
6. Fülle den Teig in die vorbereitete Kastenform.
7. Backe das Bananenbrot für etwa 50–60 Minuten oder bis ein in die Mitte eingeführter Zahnstocher sauber herauskommt.
8. Lasse das Bananenbrot nach dem Backen in der Form für einige Minuten abkühlen, dann stürze es auf ein Gitter und lasse es vollständig abkühlen.

Dieses Bananenbrot ist nicht nur lecker, sondern auch eine tolle Möglichkeit, überreife Bananen zu verwenden. Du kannst das Rezept auch abwandeln, indem du Nüsse, Schokoladenstückchen oder Blaubeeren hinzufügst.

ENGLISCHES FRÜHSTÜCK

Zutaten:

4 Würste (z. B. Bratwurst oder englische Frühstückswürste)

4 Scheiben Speck

4 Eier

2 Tomaten, halbiert

1 Dose gebackene Bohnen

4 große Champignons

4 Scheiben schwarzer Pudding (optional)

Toast oder englisches Frühstücksbrot

Butter

Salz und Pfeffer

optional: HP-Soße oder Tomatenketchup

1. Erhitze eine Pfanne bei mittlerer Hitze und brate die Würste und den Speck, bis sie von beiden Seiten schön gebräunt und durchgegart sind. Lege sie dann auf einen Teller und halte sie warm (zum Beispiel im Ofen).
2. In derselben Pfanne die Champignons und die Tomatenhälften mit der Schnittfläche nach unten braten, bis sie weich sind. Würze sie mit Salz und Pfeffer.
3. Wenn du schwarzen Pudding verwendest (das ist eine Art Blutwurst), brate ihn in der Pfanne, bis er auf beiden Seiten knusprig ist.
4. Brate die Eier nach Wunsch – entweder als Spiegeleier oder Rühreier.
5. Erhitze die gebackenen Bohnen in einem Topf oder in der Mikrowelle.
6. Toaste die Brotscheiben und bestreiche sie mit Butter.
7. Richte alle Komponenten des Frühstücks auf Tellern an. Serviere die gebratenen Würste, Speck, Eier, Champignons, Tomaten und schwarzen Pudding zusammen mit den gebackenen Bohnen und dem Toast.
8. Serviere das englische Frühstück heiß, optional mit HP-Soße oder Tomatenketchup.

Ein traditionelles englisches Frühstück ist herzhaft, sättigend und bietet eine Vielzahl von Aromen und Texturen. Es ist perfekt für ein ausgedehntes Wochenendfrühstück oder einen besonderen Anlass.

FRENCH TOAST

Zutaten:

4 große Eier

2/3 Tasse Milch

1/4 Teelöffel Zimt (optional)

1 Teelöffel Vanilleextrakt

1 Prise Salz

8 Scheiben Brot (vorzugsweise ein paar Tage alt)

Butter oder Pflanzenöl zum Braten

Ahornsirup, Puderzucker oder frisches Obst zum Servieren

1. In einer flachen Schüssel Eier, Milch, Zimt, Vanilleextrakt und eine Prise Salz verquirlen.
2. Tauche jede Brotscheibe in die Eiermischung. Lasse sie kurz einweichen, sodass sie die Flüssigkeit aufnehmen, aber nicht zu matschig werden.
3. Erhitze etwas Butter oder Öl in einer großen Pfanne bei mittlerer Hitze. Gib die eingeweichten Brotscheiben in die Pfanne und brate sie auf beiden Seiten, bis sie goldbraun sind, etwa 2–3 Minuten pro Seite.
4. Serviere den French Toast warm. Gib Ahornsirup, Puderzucker oder frisches Obst darüber, wenn du magst.
5. French Toast ist ein vielseitiges Gericht, das du leicht an deine Vorlieben anpassen kannst. Du kannst verschiedene Brotsorten wie Brioche, Challah oder Weißbrot verwenden und mit den Toppings experimentieren. Es ist ein perfektes Rezept, um altbackenes Brot zu verwerten.

FRÜHSTÜCKS-PIZZA

Zutaten:

1 fertiger oder selbst gemachter Pizzateig

1/2 Tasse Pizza- oder Tomatensoße

1 Tasse geriebener Mozzarella-Käse

3–4 Eier

4 Scheiben Frühstücksspeck oder Schinken, gehackt

1 kleine rote Zwiebel, in dünne Ringe geschnitten

optional: Gemüse nach Wahl, z. B. Paprika, Spinat, Tomaten

Salz und Pfeffer

optional: frische Kräuter wie Basilikum oder Oregano

1. Heize den Ofen auf 220 °C vor.
2. Rolle den Pizzateig auf einem mit Backpapier ausgelegten Backblech aus.
3. Bestreiche den Teig gleichmäßig mit Pizzasoße. Bestreue ihn dann mit etwa der Hälfte des geriebenen Mozzarellas.
4. Verteile den gehackten Speck oder Schinken und die roten Zwiebelringe auf der Pizza. Füge nach Belieben weiteres Gemüse hinzu.
5. Mach kleine Vertiefungen im Belag und schlage vorsichtig die Eier hinein. Versuche, die Eier so zu platzieren, dass sie beim Backen nicht vom Rand laufen.
6. Streue den Rest des Käses über die Pizza, achte dabei darauf, die Eier nicht vollständig zu bedecken.
7. Backe die Pizza im vorgeheizten Ofen für etwa 12–15 Minuten oder bis der Rand goldbraun ist und die Eier die gewünschte Konsistenz erreicht haben.
8. Nimm die Pizza aus dem Ofen, würze sie mit Salz und Pfeffer und bestreue sie optional mit frischen Kräutern. Lasse sie kurz abkühlen, bevor du sie in Stücke schneidest und servierst.

Diese Frühstücks-Pizza ist eine lustige und leckere Variante des klassischen Frühstücks und lässt sich nach Belieben anpassen. Du kannst verschiedene Beläge ausprobieren und sie nach deinem Geschmack gestalten.

FRÜHSTÜCKS-BURRITOS

Zutaten:

4 große Weizentortillas

6 Eier

1/4 Tasse Milch

Salz und Pfeffer nach Geschmack

1 Tasse geriebener Käse (z. B. Cheddar oder Monterey Jack)

1 Tasse gewürfelte Kartoffeln (vorgekocht oder tiefgekühlt)

1/2 Tasse gehackter Schinken oder gekochter Speck (optional)

1/2 Tasse grüne Paprika, gewürfelt

1/2 Tasse Zwiebel, gewürfelt

1–2 Esslöffel Pflanzenöl

optional: Salsa, Sauerrahm, Guacamole für das Topping

1. Erhitze das Öl in einer großen Pfanne und brate die Kartoffelwürfel, bis sie goldbraun und knusprig sind. Füge Paprika und Zwiebel hinzu und brate alles, bis das Gemüse weich ist. Gib den Schinken oder Speck hinzu und brate ihn kurz mit. Nimm die Mischung aus der Pfanne und stelle sie beiseite.
2. Schlage in einer Schüssel die Eier mit der Milch, Salz und Pfeffer auf. Gieße die Eiermischung in die Pfanne und rühre sie bei mittlerer Hitze, bis sie gestockt, aber noch feucht sind.
3. Erwärme die Tortillas in der Mikrowelle oder einer trockenen Pfanne, damit sie weich und biegsam werden. Verteile die Eier, die Kartoffel-Schinken-Mischung und den geriebenen Käse gleichmäßig auf den Tortillas.
4. Falte die Seiten der Tortillas ein und rolle sie dann fest zusammen, sodass die Füllung gut eingeschlossen ist.
5. Für eine knusprige Außenseite kannst du die Burritos noch einmal in einer Pfanne von beiden Seiten anbraten.
6. Serviere die Frühstücks-Burritos warm. Du kannst sie mit Salsa, Sauerrahm oder Guacamole toppen.

Dieses Rezept für Frühstücks-Burritos ist vielseitig und kann leicht an deine Vorlieben angepasst werden. Du kannst verschiedene Zutaten für die Füllung verwenden wie Gemüse, verschiedene Fleischsorten oder Bohnen.

JOGHURT MIT BEEREN UND HAFERFLOCKEN

Zutaten:

1 Tasse Naturjoghurt (kann auch griechischer Joghurt sein)

1/2 Tasse gemischte Beeren (z. B., Erdbeeren, Blaubeeren, Himbeeren)

1/4 Tasse Haferflocken

1 Esslöffel Honig oder Ahornsirup (optional)

1 Prise Zimt (optional)

1. In eine Schüssel oder ein Glas die gewünschte Menge Joghurt geben.
2. Die gemischten Beeren auf den Joghurt legen. Du kannst frische oder gefrorene Beeren verwenden, je nachdem, was verfügbar ist.
3. Die Haferflocken gleichmäßig über die Beeren streuen. Haferflocken fügen nicht nur eine angenehme Textur hinzu, sondern liefern auch Ballaststoffe und Energie.
4. Wenn du möchtest, füge einen Esslöffel Honig oder Ahornsirup hinzu, um eine süße Note zu erhalten. Dies ist jedoch keine Pflicht, da die Beeren bereits natürlich süß sind.
5. Nach Belieben eine Prise Zimt darüber streuen. Zimt verleiht dem Frühstück eine zusätzliche geschmackliche Note.
6. Alles vorsichtig vermengen oder in Schichten lassen, je nach Vorliebe.

Dieses Frühstücksrezept ist nicht nur lecker, sondern auch reich an Proteinen, Ballaststoffen und Antioxidantien. Es ist eine ideale Option für einen schnellen Start in den Tag und lässt sich mühelos anpassen, je nachdem, welche Zutaten du gerade zur Hand hast. Guten Appetit!

JOGHURT-PARFAIT

Zutaten:

griechischer Joghurt oder Naturjoghurt (Menge je nach Bedarf)

frische Früchte nach Wahl (z. B. Beeren, Bananen, Kiwi)

Granola oder Müsli

Honig oder Ahornsirup (optional)

Nüsse oder Samen für zusätzliche Textur (optional)

1. Wasche und schneide die Früchte in mundgerechte Stücke. Wenn du Nüsse oder Samen verwendest, röste sie leicht in einer Pfanne für zusätzlichen Geschmack.
2. Beginne mit einer Schicht Joghurt am Boden eines Glases oder einer Schüssel.
3. Lege eine Schicht deiner gewählten Früchte über den Joghurt.
4. Gib eine Schicht Granola oder Müsli darüber. Dies verleiht dem Parfait Crunch und Textur.
5. Wiederhole die Schichten, bis das Glas oder die Schüssel fast voll ist. Du kannst die Reihenfolge der Schichten variieren, wie es dir gefällt.
6. Beende dein Parfait mit einer letzten Schicht Joghurt und garniere es oben mit einigen Früchten, Nüssen, Samen und einem Spritzer Honig oder Ahornsirup, wenn du Süße hinzufügen möchtest.
7. Dein Joghurt-Parfait ist fertig zum Genießen! Es kann sofort serviert oder für einen schnellen Frühstückssnack am nächsten Tag im Kühlschrank aufbewahrt werden.

Joghurt-Parfaits sind extrem vielseitig und können je nach deinen Vorlieben und den verfügbaren Zutaten angepasst werden. Sie sind eine großartige Möglichkeit, eine gesunde und dennoch köstliche Mahlzeit zu genießen.

MENEMEN

Zutaten:

3–4 große Eier

2 große reife Tomaten, gehackt

1 grüne Paprika, in Würfel geschnitten

1 mittelgroße Zwiebel, fein gewürfelt

2 Knoblauchzehen, fein gehackt

2–3 Esslöffel Olivenöl

1 Teelöffel Paprikapulver

1/2 Teelöffel Kreuzkümmel (optional)

Salz und Pfeffer nach Geschmack

frische Petersilie, gehackt (zum Garnieren)

optional: Feta-Käse, zerbröckelt

1. Erhitze das Olivenöl in einer großen Pfanne bei mittlerer Hitze. Füge Zwiebeln und Knoblauch hinzu und brate sie, bis sie weich sind. Gib die grünen Paprikawürfel hinzu und brate sie einige Minuten mit.
2. Füge die gehackten Tomaten, Paprikapulver und Kreuzkümmel hinzu. Koche die Mischung, bis die Tomaten weich sind und eine dickere Soße entsteht. Würze mit Salz und Pfeffer.
3. Schlage die Eier in die Pfanne. Lasse sie einige Minuten stocken, rühre sie dann vorsichtig um, um sie mit dem Gemüse zu vermischen. Die Eier sollten weich und leicht cremig bleiben.
4. Garniere das Menemen mit frischer Petersilie und optional mit zerbröckeltem Feta-Käse. Serviere es heiß, direkt aus der Pfanne, zusammen mit Fladenbrot oder Pide.

Menemen ist ein schnelles und einfaches Gericht, das sich gut für ein herzhaftes Frühstück oder einen schnellen Snack eignet. Es ist auch eine hervorragende Möglichkeit, übrig gebliebene Gemüse zu verwenden.

RÜHREI MIT FRISCHEM GEMÜSE

Zutaten:

2–3 frische Eier

1 Handvoll Spinat oder anderes Blattgemüse nach deiner Wahl

einige Cherrytomaten, halbiert

ein kleiner Würfel Feta-Käse

Salz und Pfeffer zum Abschmecken

1 Teelöffel Olivenöl oder Butter zum Braten

optional: gehackte frische Kräuter wie Petersilie oder Schnittlauch

1. Schlage die Eier in einer Schüssel auf, füge eine Prise Salz und Pfeffer hinzu und verrühre sie leicht.
2. Wasche den Spinat und die Cherrytomaten. Halbiere die Tomaten und schneide den Spinat grob.
3. Erhitze das Olivenöl oder die Butter in einer Pfanne bei mittlerer Hitze. Gib zuerst den Spinat in die Pfanne und dünste ihn, bis er etwas zusammenfällt. Füge dann die Eier hinzu und rühre sanft, um sie zu stocken. Kurz vor dem Fertigstellen gib die Tomaten und den zerbröckelten Feta-Käse hinzu.
4. Optional kannst du das Rührei mit gehackten frischen Kräutern bestreuen.
5. Sofort servieren, solange das Rührei noch warm ist.

Dieses Rezept ist nicht nur schnell und einfach zuzubereiten, sondern auch reich an Proteinen und Vitaminen. Es bietet eine gesunde und sättigende Option, die jeden mit Energie für den Tag versorgt. Darüber hinaus ist es eine großartige Möglichkeit, Gemüse in das Frühstück zu integrieren.

BRÖTCHEN WIE VOM BÄCKER

Zutaten:

500 g Weizenmehl

1 Päckchen Trockenhefe (7 g) oder frische Hefe (21 g)

1 Teelöffel Zucker

2 Teelöffel Salz

300 ml lauwarmes Wasser

2 Esslöffel Olivenöl

1. Wenn du Trockenhefe verwendest, mische sie mit dem Zucker und etwa 100 ml des lauwarmen Wassers. Lasse die Mischung für etwa 5–10 Minuten stehen, bis sie anfängt zu schäumen. Bei Verwendung von frischer Hefe zerbröckele sie und löse sie zusammen mit dem Zucker in dem lauwarmen Wasser auf.
2. In einer großen Schüssel das Mehl und Salz vermischen. Füge die Hefemischung und das restliche Wasser sowie das Olivenöl hinzu. Knete den Teig etwa 10 Minuten lang, bis er glatt und elastisch ist.
3. Decke den Teig ab und lasse ihn an einem warmen Ort etwa eine Stunde gehen, bis er sein Volumen verdoppelt hat.
4. Knete den Teig kurz durch und teile ihn in gleich große Stücke (je nach gewünschter Größe der Brötchen). Forme die Stücke zu Kugeln oder länglichen Brötchen und lege sie auf ein mit Backpapier ausgelegtes Backblech.
5. Lasse die geformten Brötchen nochmals etwa 30 Minuten gehen.
6. Heize den Ofen auf 200 °C vor (Umluft 180 °C). Backe die Brötchen für etwa 15–20 Minuten, bis sie goldbraun sind.
7. Lasse die Brötchen auf einem Gitter abkühlen, bevor du sie servierst.

Diese Brötchen sind perfekt für Frühstück oder Abendessen und können nach Belieben mit Samen oder Kräutern verfeinert werden. Sie sind außen knusprig und innen weich, was sie zu einem echten Genuss macht.

SMOOTHIE-BOWL

Zutaten für den Smoothie:
1 Tasse gefrorene Beeren (z. B. Erdbeeren, Himbeeren, Blaubeeren)

1 reife Banane

1/2 Tasse griechischer Joghurt oder eine pflanzliche Joghurtalternative

1/2 Tasse Milch oder eine pflanzliche Milchalternative

1 Esslöffel Honig oder Ahornsirup (optional)

optional: ein Esslöffel Chiasamen oder Leinsamen für zusätzliche Ballaststoffe

Zutaten für das Topping:
frische Früchte wie Bananenscheiben, Beeren, Kiwi

Müsli oder Granola

Kokosraspeln

Nüsse oder Samen (z. B. gehackte Mandeln, Sonnenblumenkerne)

optional: ein paar essbare Blüten für die Dekoration

1. Gib die gefrorenen Beeren, die Banane, den griechischen Joghurt, die Milch und den Honig oder Ahornsirup (falls verwendet) in einen Mixer. Füge bei Bedarf Chia- oder Leinsamen hinzu. Mixe alles, bis der Smoothie cremig und glatt ist.
2. Gieße den Smoothie in eine Schüssel.
3. Belege die Smoothie-Bowl mit deinen Lieblings-Toppings. Verwende frische Früchte, Müsli oder Granola, Kokosraspeln und Nüsse oder Samen. Für eine besonders schöne Präsentation kannst du die Toppings in Linien oder einem Muster anordnen.
4. Genieße die Smoothie-Bowl sofort, solange sie noch kühl und frisch ist.

Smoothie-Bowls sind extrem vielseitig und können je nach Saison und persönlichen Vorlieben angepasst werden. Sie sind eine hervorragende Möglichkeit, eine Vielzahl von Nährstoffen in einer Mahlzeit zu kombinieren und gleichzeitig ein leckeres und erfrischendes Frühstück zu genießen.

VEGANE SCHOKOLADEN-OVERNIGHT-OATS

Zutaten:

1 Tasse Haferflocken

1,5 Tassen pflanzliche Milch (wie Mandel-, Soja- oder Hafermilch)

2 Esslöffel Kakaopulver

1–2 Esslöffel Ahornsirup oder Agavendicksaft (nach Geschmack)

1 Teelöffel Vanilleextrakt

1 Prise Salz

optional: ein Esslöffel Chiasamen für zusätzliche Nährstoffe

optional: frisches Obst, Nüsse oder vegane Schokoladenstückchen zum Garnieren

1. In einer Schüssel Haferflocken, Kakaopulver, Ahornsirup, Vanilleextrakt und eine Prise Salz vermischen. Wenn du möchtest, kannst du auch Chiasamen hinzufügen.
2. Gieße die pflanzliche Milch über die Haferflockenmischung und rühre alles gut um, bis alles gleichmäßig vermischt ist.
3. Decke die Schüssel ab und stelle sie über Nacht in den Kühlschrank. Die Haferflocken sollten die ganze Flüssigkeit aufnehmen und eine cremige Konsistenz bekommen.
4. Am nächsten Morgen kannst du die Overnight-Oats mit frischem Obst, Nüssen oder veganen Schokoladenstückchen garnieren.

Dieses Rezept ist ideal für ein schnelles und nahrhaftes Frühstück. Die Kombination aus Haferflocken und Kakaopulver bietet einen leckeren Schokoladengeschmack, während pflanzliche Milch und optional hinzugefügte Chiasamen zusätzliche Nährstoffe und eine angenehme Textur liefern. Außerdem kannst du es leicht deinem Geschmack anpassen!

VOLLKORN-PFANNKUCHEN MIT FRÜCHTEN

Zutaten:

1 Tasse Vollkornmehl

1 Esslöffel Zucker (oder ein alternatives Süßungsmittel)

1 Teelöffel Backpulver

1/2 Teelöffel Salz

1 Ei, leicht geschlagen

1 Tasse Milch (kann durch Mandel-, Soja- oder Hafermilch ersetzt werden)

2 Esslöffel ungesalzene Butter oder Pflanzenöl, geschmolzen

frisches Obst nach Wahl (wie Beeren, Bananenscheiben oder Apfelstücke)

optional: Ahornsirup oder Honig zum Servieren

1. In einer großen Schüssel Vollkornmehl, Zucker, Backpulver und Salz vermengen.
2. Füge das geschlagene Ei, die Milch und die geschmolzene Butter oder das Öl zu den trockenen Zutaten hinzu. Rühre alles zusammen, bis ein gleichmäßiger Teig entsteht, aber überrühre den Teig nicht.
3. Erhitze eine beschichtete Pfanne oder einen Flachgrill bei mittlerer Hitze. Gieße kleine Teigmengen auf die heiße Oberfläche, um Pfannkuchen zu formen. Warte, bis auf der Oberfläche Blasen entstehen, und wende die Pfannkuchen dann. Backe sie, bis sie auf beiden Seiten goldbraun sind.
4. Serviere die Pfannkuchen mit frischem Obst und optional mit Ahornsirup oder Honig.

Dieses Rezept bietet eine großartige Kombination aus Vollkornprodukten und frischen Früchten, was nicht nur lecker, sondern auch nahrhaft ist. Es liefert komplexe Kohlenhydrate, Proteine und Vitamine, die Teenager für einen energiereichen Start in den Tag brauchen.

ZUCCHINIBROT

Zutaten:

1,5 Tassen geriebene Zucchini (etwa 1–2 mittelgroße Zucchini)

1 Tasse Zucker

1/2 Tasse Pflanzenöl

2 Teelöffel Vanilleextrakt

2 große Eier

1,5 Tassen Mehl

1/2 Teelöffel Backpulver

1/2 Teelöffel Backnatron

1/2 Teelöffel Salz

1,5 Teelöffel Zimt

optional: eine halbe Tasse gehackte Nüsse oder Schokoladenstückchen

1. Heize den Ofen auf 175 °C vor und fetten eine 23×13 cm große Kastenform.
2. Reibe die Zucchini und drücke überschüssige Flüssigkeit leicht aus. Es sollte etwas Feuchtigkeit bleiben.
3. In einer großen Schüssel Zucker, Öl, Vanilleextrakt und Eier verrühren, bis die Mischung glatt und gut verbunden ist.
4. Füge Mehl, Backpulver, Backnatron, Salz und Zimt hinzu. Rühre, bis die Zutaten gerade eben vermischt sind.
5. Hebe die geriebene Zucchini (und optional die Nüsse oder Schokoladenstückchen) unter den Teig.
6. Fülle den Teig in die vorbereitete Kastenform.
7. Backe das Zucchinibrot für 50–60 Minuten oder bis ein in die Mitte eingeführter Zahnstocher sauber herauskommt.
8. Lasse das Brot in der Form für etwa 10 Minuten abkühlen, dann stürze es auf ein Gitter und lasse es vollständig abkühlen.

Dieses Zucchinibrot ist wunderbar feucht und reich an Geschmack. Die Zucchini sorgt für eine angenehme Textur und Feuchtigkeit, ohne den Geschmack zu dominieren. Es ist eine ausgezeichnete Möglichkeit, Zucchini zu verwenden, und kann leicht angepasst werden, um verschiedene Geschmacksrichtungen zu kreieren.

SALATE

AVOCADO-SALAT MIT MANGO UND GARNELEN

Zutaten:

2 reife Avocados, gewürfelt

1 reife Mango, gewürfelt

200 g Garnelen, gekocht und geschält

1 rote Paprika, in kleine Würfel geschnitten

1/2 rote Zwiebel, fein gehackt

frischer Koriander, grob gehackt

2 Esslöffel Limettensaft

4 Esslöffel Olivenöl

1 Teelöffel Honig

Salz und frisch gemahlener schwarzer Pfeffer

optional: Chiliflocken oder gehackte Chili für etwas Schärfe

optional: Ahornsirup oder Honig zum Servieren

1. In einer großen Schüssel die gewürfelten Avocados und Mangos, die rote Paprika, die rote Zwiebel und die gekochten Garnelen mischen.
2. In einer kleinen Schüssel Limettensaft, Olivenöl, Honig, Salz und Pfeffer zu einem Dressing verrühren. Falls gewünscht, kannst du Chiliflocken oder gehackte Chili hinzufügen, um dem Salat eine pikante Note zu verleihen.
3. Gieße das Dressing über den Salat und mische alles vorsichtig, um die Avocado und Mango nicht zu zerdrücken.
4. Bestreue den Salat mit frischem Koriander.
5. Lasse den Salat vor dem Servieren kurz im Kühlschrank durchziehen, damit sich die Aromen gut verbinden können.

Dieser Avocado-Salat mit Mango und Garnelen ist eine köstliche Kombination aus süßen, saftigen und cremigen Texturen, abgerundet mit einem frischen, zitrusartigen Dressing. Er eignet sich hervorragend als leichtes Mittagessen oder als erfrischende Vorspeise. Guten Appetit!

CAESAR-SALAT

Zutaten für den Salat:

1 großer Römersalat, gewaschen und in mundgerechte Stücke gerissen

2–3 Scheiben Weißbrot, gewürfelt (für Croûtons)

2–3 Esslöffel Olivenöl

1 Knoblauchzehe, halbiert

Parmesankäse, gehobelt oder gerieben

gekochtes Hühnerbrustfilet, in Streifen geschnitten (optional)

Zutaten für das Dressing:

1 Eigelb

1 Knoblauchzehe, fein gehackt

2 Sardellenfilets, fein gehackt (optional)

1 Teelöffel Senf

2 Esslöffel frisch gepresster Zitronensaft

60 ml Olivenöl

Salz und frisch gemahlener schwarzer Pfeffer

optional: Chiliflocken oder gehackte Chili für etwas Schärfe

optional: Ahornsirup oder Honig zum Servieren

1. Beginne mit der Zubereitung der Croûtons. Heize den Ofen auf 180 °C vor. Mische die Brotwürfel mit Olivenöl und reibe sie mit der aufgeschnittenen Knoblauchzehe ein. Verteile die Brotwürfel auf einem Backblech und backe sie im Ofen für 10–15 Minuten, bis sie goldbraun und knusprig sind.
2. Für das Dressing das Eigelb in einer Schüssel mit dem gehackten Knoblauch, den Sardellen, dem Senf und dem Zitronensaft vermischen. Schlage die Mischung mit einem Schneebesen, während du langsam das Olivenöl hinzugießt, bis das Dressing eine cremige Konsistenz erreicht hat. Mit Salz und Pfeffer abschmecken.
3. Gib den gewaschenen und zerrissenen Römersalat in eine große Salatschüssel. Füge die Croûtons und das Hühnerfleisch (falls verwendet) hinzu.
4. Gieße das Dressing über den Salat und mische alles gut durch, bis der Salat gleichmäßig überzogen ist.
5. Bestreue den Salat mit Parmesankäse und serviere ihn sofort.

Dieser klassische Caesar-Salat kombiniert knackigen Römersalat mit würzigen Croûtons und einem reichhaltigen, cremigen Dressing. Der Salat ist perfekt als Vorspeise oder leichtes Hauptgericht und lässt sich gut mit gegrilltem Hühnerfleisch oder Garnelen für zusätzliches Protein ergänzen. Guten Appetit!

DEUTSCHER KARTOFFELSALAT

Zutaten:

1 kg festkochende Kartoffeln

1 kleine Zwiebel, fein gewürfelt

150 ml Brühe (Gemüse- oder Fleischbrühe)

3–4 Esslöffel Weißweinessig

2 Esslöffel Senf

1 Prise Salz und frisch gemahlener schwarzer Pfeffer

1 Prise Zucker

3–4 Esslöffel Pflanzenöl

frische Petersilie, fein gehackt

optional: Radieschen, Gurken, oder Frühlingszwiebeln für zusätzlichen Geschmack und Farbe

optional: Chiliflocken oder gehackte Chili für etwas Schärfe

optional: Ahornsirup oder Honig zum Servieren

1. Koche die Kartoffeln in Salzwasser (ca. 1 TL Salz), bis sie gar sind (etwa 20–25 Minuten). Lasse sie etwas abkühlen, pelle sie und schneide sie in Scheiben.
2. In der Zwischenzeit die Zwiebelwürfel in einer kleinen Pfanne leicht andünsten, bis sie glasig sind.
3. Bereite die Marinade vor, indem du Brühe, Weißweinessig, Senf, Salz, Pfeffer und eine Prise Zucker mischst. Füge die gedünsteten Zwiebeln und das Öl hinzu und rühre alles gut um.
4. Gieße die warme Marinade über die noch warmen Kartoffelscheiben. Vorsichtig umrühren, damit die Kartoffeln die Marinade aufnehmen können.
5. Lasse den Kartoffelsalat mindestens eine Stunde ziehen, besser noch länger, damit sich die Aromen voll entfalten können.
6. Vor dem Servieren den Kartoffelsalat noch einmal abschmecken und bei Bedarf nachwürzen. Mit frischer Petersilie bestreuen.
7. Optional kannst du den Salat mit dünn geschnittenen Radieschen, Gurken oder Frühlingszwiebeln ergänzen.

Dieser traditionelle deutsche Kartoffelsalat schmeckt hervorragend als Beilage zu gegrilltem Fleisch, Würstchen oder auch zu vegetarischen Gerichten. Er ist ein Klassiker bei Picknicks und Grillfesten. Der Salat gewinnt an Geschmack, wenn er etwas Zeit hat, durchzuziehen, daher ist es eine gute Idee, ihn einige Stunden vor dem Servieren oder sogar am Tag zuvor zuzubereiten. Guten Appetit!

GRIECHISCHER SALAT

Zutaten:

3–4 reife Tomaten, in grobe Stücke geschnitten

1 Gurke, in Halbmonde geschnitten

1 grüne Paprika, in Ringe geschnitten

1 rote Zwiebel, in dünne Scheiben geschnitten

150 g Feta-Käse, in Würfel geschnitten oder zerbröckelt

1 Handvoll Kalamata-Oliven

2–3 Esslöffel Olivenöl

1 Esslöffel Rotweinessig

1 Teelöffel getrockneter Oregano

Salz und frisch gemahlener schwarzer Pfeffer

1. In einer großen Schüssel die Tomaten, Gurke, grüne Paprika und rote Zwiebel mischen.
2. Füge die Oliven hinzu und streue den Feta-Käse darüber.
3. In einer kleinen Schüssel Olivenöl, Rotweinessig, Oregano, Salz und Pfeffer verquirlen, um das Dressing herzustellen.
4. Gieße das Dressing über den Salat und mische alles vorsichtig zusammen, um die Zutaten nicht zu zerdrücken.
5. Lasse den Salat ein paar Minuten ruhen, damit sich die Aromen entfalten können.
6. Vor dem Servieren noch einmal abschmecken und bei Bedarf nachwürzen.

Dieser griechische Salat ist frisch, knackig und voller mediterraner Aromen. Er eignet sich hervorragend als Beilage zu gegrilltem Fleisch oder Fisch oder als leichtes Hauptgericht an warmen Tagen. Guten Appetit!

ITALIENISCHER BROTSALAT (PANZANELLA)

Zutaten:

4–5 Scheiben altbackenes Brot (vorzugsweise Ciabatta oder ein anderes rustikales Weißbrot)

3–4 reife Tomaten, gewürfelt

1 kleine rote Zwiebel, in dünne Scheiben geschnitten

1 mittelgroße Gurke, halbiert und in Scheiben geschnitten

1 Handvoll frisches Basilikum, grob zerrissen

1–2 Knoblauchzehen, fein gehackt (optional)

3 Esslöffel Rotweinessig

5 Esslöffel Olivenöl, plus etwas extra zum Rösten des Brotes

Salz und frisch gemahlener schwarzer Pfeffer

1. Heize den Ofen auf 180 °C vor. Schneide das Brot in Würfel und verteile sie auf einem Backblech. Träufle etwas Olivenöl darüber und würze sie mit Salz und Pfeffer. Röste die Brotwürfel im Ofen für 10–15 Minuten oder bis sie goldbraun und knusprig sind. Lass sie anschließend abkühlen.
2. In einer großen Schüssel die gewürfelten Tomaten, die Zwiebelscheiben, die Gurkenscheiben und das Basilikum mischen. Füge die gerösteten Brotwürfel hinzu.
3. In einer kleinen Schüssel oder einem Glas das Olivenöl, den Rotweinessig, den gehackten Knoblauch (falls verwendet), Salz und Pfeffer zusammenrühren, um das Dressing herzustellen.
4. Gieße das Dressing über den Salat und mische alles gut durch. Lass den Salat für etwa 30 Minuten ruhen, damit das Brot die Aromen und den Saft der Tomaten aufsaugen kann.
5. Vor dem Servieren den Salat noch einmal abschmecken und bei Bedarf nachwürzen. Gegebenenfalls mit frischem Basilikum garnieren.

Panzanella ist ein perfektes Sommergericht, das sowohl frisch als auch nahrhaft ist. Die Kombination aus saftigen Tomaten, knackigen Gurken und knusprigem Brot macht diesen Salat zu einem echten Gaumenschmaus. Guten Appetit!

MEDITERRANER KICHERERBSEN-SALAT

Zutaten:

1 Dose Kichererbsen (ca. 400 g), abgespült und abgetropft

1/2 Gurke, gewürfelt

1 rote Paprika, gewürfelt

1 kleine rote Zwiebel, fein gehackt

10–12 Kirschtomaten, halbiert

1/2 Tasse schwarze Oliven, halbiert

1/2 Tasse Feta-Käse, zerbröckelt

1/4 Tasse frische Petersilie, gehackt

1/4 Tasse Olivenöl

2 Esslöffel Rotweinessig oder Zitronensaft

1 Teelöffel getrockneter Oregano

Salz und Pfeffer nach

1. In einer großen Schüssel die Kichererbsen, Gurkenwürfel, Paprikawürfel, rote Zwiebel, Kirschtomaten, Oliven und Feta-Käse vermischen.
2. In einer kleinen Schüssel Olivenöl, Rotweinessig oder Zitronensaft, Oregano, Salz und Pfeffer verquirlen.
3. Gieße das Dressing über den Salat und mische alles gut durch, damit die Zutaten gleichmäßig mit dem Dressing bedeckt sind. Lasse den Salat gegebenenfalls einige Minuten ziehen, damit die Aromen sich entfalten können.
4. Kurz vor dem Servieren die frische Petersilie unterheben.
5. Sofort servieren oder gekühlt aufbewahren.

Dieser mediterrane Kichererbsensalat ist nicht nur lecker und erfrischend, sondern auch reich an Proteinen und Ballaststoffen. Er eignet sich perfekt als Hauptmahlzeit für ein leichtes Abendessen.

WASSERMELONENSALAT

Zutaten:

1/2 mittelgroße Wassermelone, entkernt und in Würfel geschnitten

200 g Feta-Käse, zerbröckelt

1 Handvoll frische Minzblätter, grob gehackt

1 kleine rote Zwiebel, in dünne Scheiben geschnitten

2 Esslöffel Olivenöl

Saft von 1 Limette

Salz und frisch gemahlener schwarzer Pfeffer

optional: eine Handvoll schwarze oder grüne Oliven, gehackte Walnüsse oder Pinienkerne für zusätzliche Textur

1. In einer großen Schüssel die Wassermelonenwürfel, den zerbröckelten Feta, die Minzblätter und die roten Zwiebelscheiben mischen.
2. In einer kleinen Schüssel Olivenöl und Limettensaft zu einem Dressing verrühren. Mit Salz und Pfeffer abschmecken.
3. Gieße das Dressing über den Salat und mische alles vorsichtig, um die Wassermelonenstücke nicht zu zerdrücken.
4. Lasse den Salat vor dem Servieren kurz im Kühlschrank durchziehen, damit sich die Aromen verbinden können.
5. Optional kannst du den Salat mit Oliven, gehackten Walnüssen oder Pinienkernen garnieren, um zusätzliche Texturen und Aromen zu erhalten.

Dieser Wassermelonensalat ist perfekt für heiße Sommertage, als erfrischende Beilage bei Grillpartys oder als leichtes Mittagessen geeignet. Die Kombination aus süßer Wassermelone, salzigem Feta und frischer Minze ist ein wahrer Genuss. Guten Appetit!

HAUPTSPEISEN

FISCH-CURRY

Zutaten:
500 g festes Fischfilet (z. B. Kabeljau, Seelachs oder Tilapia), in mundgerechte Stücke geschnitten
1 große Zwiebel, fein gehackt
2 Knoblauchzehen, fein gehackt
1 Stück Ingwer (ca. 2 cm), fein gerieben
1 Dose Kokosmilch (400 ml)
2 Esslöffel Tomatenmark
1 Esslöffel Currypulver
1/2 Teelöffel Kurkuma
1/2 Teelöffel gemahlener Koriander
1/4 Teelöffel Cayennepfeffer (optional, je nach gewünschter Schärfe)
1 rote Paprika, in Streifen geschnitten
1 Handvoll frischer Spinat
Saft von 1 Limette
Salz und Pfeffer
Öl zum Braten
frischer Koriander zum Garnieren
schwarze oder grüne Oliven, gehackte Walnüsse oder Pinienkerne für zusätzliche Textur

1. Erhitze etwas Öl in einer großen Pfanne oder einem Topf bei mittlerer Hitze. Füge die Zwiebeln hinzu und brate sie, bis sie glasig sind.
2. Füge Knoblauch und Ingwer hinzu und brate alles für weitere 1–2 Minuten.
3. Streue das Currypulver, Kurkuma, gemahlenen Koriander und Cayennepfeffer (falls verwendet) über die Zwiebelmischung. Rühre gut um, damit die Gewürze ihre Aromen entfalten können.
4. Gib das Tomatenmark hinzu und rühre es unter.
5. Gieße die Kokosmilch hinzu und bringe die Mischung zum Kochen. Reduziere die Hitze und lasse die Soße etwa 10 Minuten köcheln.
6. Füge die Paprikastreifen hinzu und koche sie einige Minuten in der Soße.
7. Gib die Fischstücke in die Soße. Lass sie bei niedriger Hitze 5–10 Minuten köcheln, bis der Fisch durchgegart ist. Achte darauf, den Fisch nicht zu lange zu kochen, damit er nicht zerfällt.
8. Füge den frischen Spinat hinzu und lasse ihn in der Hitze zusammenfallen.
9. Schmecke das Curry mit Limettensaft, Salz und Pfeffer ab.
10. Serviere das Fisch-Curry heiß und garniere es mit frischem Koriander.

Dieses Fisch-Curry ist besonders lecker mit Reis oder Naan-Brot. Es ist ein aromatisches, leicht scharfes Gericht, das sich gut für ein gemütliches Abendessen eignet. Guten Appetit!

FISCH-TACOS

Zutaten für die Fisch-Tacos:

4 Weißfischfilets (z. B. Kabeljau, Tilapia)

1 Teelöffel Chilipulver

1/2 Teelöffel Kreuzkümmel

1/2 Teelöffel Knoblauchpulver

Salz und Pfeffer nach Geschmack

1 Esslöffel Olivenöl

8 kleine Weizen- oder Maistortillas

Zutaten für den Taco-Belag:

1 Avocado, gewürfelt

1/2 kleine rote Zwiebel, fein gehackt

1/2 Tasse gehackter frischer Koriander

1 Tasse Kohl- oder Eisbergsalat, dünn geschnitten

Limettenspalten

optional: Salsa, saure Sahne oder eine Joghurtsauce

1. Mische Chilipulver, Kreuzkümmel, Knoblauchpulver, Salz und Pfeffer. Reibe die Fischfilets mit dieser Gewürzmischung ein.
2. Erhitze das Olivenöl in einer Pfanne und brate die Fischfilets bei mittlerer Hitze von jeder Seite 3–4 Minuten, bis sie durchgegart und außen leicht knusprig sind.
3. Erwärme die Tortillas in einer trockenen Pfanne oder im Mikrowellenherd.
4. Zerbröckele den gebratenen Fisch und verteile ihn auf den Tortillas. Füge Avocado, rote Zwiebel, Koriander und Kohl oder Salat hinzu. Beträufle alles mit etwas Limettensaft.
5. Serviere die Tacos mit den optionalen Beilagen wie Salsa, saurer Sahne oder Joghurtsauce.

Diese Fisch-Tacos sind nicht nur lecker, sondern auch einfach und schnell zuzubereiten. Sie bieten eine frische und leichtere Alternative zu traditionellen Tacos und sind bei Teenagern sehr beliebt.

GEBACKENER LACHS MIT KRÄUTERKRUSTE

Zutaten:

4 Lachsfilets (je ca. 150–200 g)

2 Esslöffel Olivenöl

Saft einer halben Zitrone

Salz und Pfeffer

Zutaten für die Kräuterkruste:

1/2 Tasse Panko-Brösel oder Semmelbrösel

2 Esslöffel geschmolzene Butter

1 Knoblauchzehe, fein gehackt

2 Esslöffel gehackte frische Kräuter (z. B. Dill, Petersilie, Thymian)

Spalten einer halben Zitrone

Salz und Pfeffer

1. Heize den Ofen auf 200 °C vor. Lege die Lachsfilets auf ein mit Backpapier ausgelegtes Backblech. Träufle Olivenöl und Zitronensaft über die Filets und würze sie mit Salz und Pfeffer.
2. In einer Schüssel Panko-Brösel, geschmolzene Butter, gehackten Knoblauch, gehackte Kräuter, Zitronenspalten, Salz und Pfeffer vermischen, bis alles gut verbunden ist.
3. Verteile die Kräuterkruste gleichmäßig auf den Lachsfilets und drücke sie leicht an, damit sie haften bleibt.
4. Backe den Lachs im vorgeheizten Ofen für etwa 12–15 Minuten, bis die Kruste goldbraun und knusprig und der Lachs durchgegart ist.
5. Serviere den gebackenen Lachs heiß, eventuell mit gedünstetem Gemüse oder einem frischen Salat.

Dieses Gericht kombiniert den reichhaltigen Geschmack von Lachs mit einer leichten, knusprigen Kräuterkruste, was es zu einem schmackhaften und gleichzeitig einfach zuzubereitenden Abendessen macht.

GEMÜSE-PASTA

Zutaten:

200 g Pasta (z. B. Penne, Spaghetti oder Farfalle)

1 Zucchini, in Würfel geschnitten

1 rote Paprika, in Würfel geschnitten

1 kleine Aubergine, in Würfel geschnitten

2–3 Knoblauchzehen, fein gehackt

2 Esslöffel Olivenöl

1 Dose gehackte Tomaten (ca. 400 g)

Salz und Pfeffer nach Geschmack

optional: frische Kräuter wie Basilikum oder Oregano

optional: geriebener Parmesan oder veganer Käse zum Garnieren

1. Koche die Pasta nach Packungsanweisung in gesalzenem Wasser, bis sie al dente, also bissfest ist. Gieße sie ab und behalte etwas vom Kochwasser zurück.
2. Erhitze das Olivenöl in einer großen Pfanne. Füge die Knoblauchzehen hinzu und brate sie kurz an. Gib dann die Zucchini, Paprika und Aubergine hinzu und brate sie, bis sie weich, aber noch bissfest sind.
3. Füge die gehackten Tomaten zum Gemüse in der Pfanne hinzu. Würze mit Salz und Pfeffer und lasse die Soße für einige Minuten köcheln.
4. Gib die gekochte Pasta in die Pfanne mit dem Gemüse und mische alles gut durch. Wenn die Pasta zu trocken erscheint, gieße etwas vom Kochwasser darüber.
5. Füge frische Kräuter hinzu und serviere die Pasta mit geriebenem Parmesan oder veganem Käse.

Dieses Gericht ist einfach und schnell zuzubereiten und bietet viel Spielraum für Variationen. Du kannst fast jedes Gemüse verwenden, das du zur Hand hast, und das Rezept je nach Vorliebe vegetarisch oder vegan gestalten.

GEMÜSE-STIR-FRY MIT REIS

Zutaten:

1 Tasse Reis

2 Tassen Wasser

1 Karotte, in dünne Streifen geschnitten

1 rote Paprika, in Streifen geschnitten

1 Zucchini, in Halbmonde geschnitten

1 Handvoll Brokkoli-Röschen

2 Esslöffel Sojasoße

1 Esslöffel Sesam- oder Olivenöl

1 Knoblauchzehe, fein gehackt

1 kleines Stück Ingwer, fein gerieben

optional: Sesamsamen, gehackte Frühlingszwiebeln oder Chiliflocken für mehr Geschmack

schwarze oder grüne Oliven, gehackte Walnüsse oder Pinienkerne für zusätzliche Textur

1. Koche den Reis nach Packungsanweisung in Wasser, bis er weich und fluffig ist.
2. Schneide das Gemüse in dünne Streifen oder kleine Stücke.
3. Erhitze das Sesam- oder Olivenöl in einer großen Pfanne oder einem Wok. Füge Knoblauch und Ingwer hinzu und brate beides kurz an. Gib dann das Gemüse dazu und brate es bei mittlerer Hitze, bis es weich, aber noch bissfest ist.
4. Gib die Sojasoße über das Gemüse und rühre alles gut um.
5. Serviere das Gemüse-Stir-Fry über dem gekochten Reis. Bestreue es optional mit Sesamsamen, gehackten Frühlingszwiebeln oder Chiliflocken.

Dieses Stir-Fry ist nicht nur schnell und einfach zuzubereiten, sondern auch sehr anpassungsfähig. Du kannst fast jedes Gemüse verwenden, das du zur Hand hast, und es ist eine großartige Möglichkeit, eine gesunde und ausgewogene Mahlzeit zu genießen.

GEMÜSEAUFLAUF

Zutaten:

1 Zucchini, in Scheiben geschnitten

1 Aubergine, in Scheiben geschnitten

1 rote Paprika, in Streifen geschnitten

1 gelbe Paprika, in Streifen geschnitten

1 Zwiebel, in Ringe geschnitten

2–3 Knoblauchzehen, fein gehackt

200 g Kirschtomaten, halbiert

150 g geriebener Käse (z. B. Mozzarella oder Cheddar)

200 ml Sahne oder Milch

2 Eier

Salz, Pfeffer und italienische Kräuter nach Geschmack

Olivenöl

1. Heize den Ofen auf 180 °C vor. Lege das geschnittene Gemüse (Zucchini, Aubergine, Paprika, Zwiebel) und die Kirschtomaten in eine große Auflaufform. Bestreue es mit Knoblauch, Salz, Pfeffer und italienischen Kräutern. Träufle etwas Olivenöl darüber und mische alles gut durch.
2. In einer Schüssel Sahne oder Milch mit den Eiern verquirlen. Würze die Mischung mit Salz und Pfeffer.
3. Gieße die Sahne-Ei-Mischung gleichmäßig über das Gemüse in der Auflaufform. Streue den geriebenen Käse über die Oberseite.
4. Backe den Auflauf im vorgeheizten Ofen für etwa 30–35 Minuten, bis das Gemüse weich ist und die Oberfläche goldbraun und knusprig wird.
5. Lasse den Auflauf einige Minuten abkühlen, bevor du ihn servierst.

Dieser Gemüseauflauf ist nicht nur einfach zuzubereiten, sondern auch vielseitig und nahrhaft. Du kannst je nach Saison und Vorliebe verschiedene Gemüsesorten verwenden und den Auflauf so immer wieder neugestalten.

GEMÜSEPFANNE MIT TOFU

Zutaten:

200 g fester Tofu, in Würfel geschnitten

1 Karotte, in Scheiben geschnitten

1 rote Paprika, in Streifen geschnitten

1 Zucchini, in Halbmonde geschnitten

1 Brokkoli, in Röschen zerteilt

2 Esslöffel Sojasoße

1 Esslöffel Sesamöl (oder anderes Pflanzenöl)

1 Knoblauchzehe, fein gehackt

1 kleines Stück Ingwer, fein gerieben

Salz und Pfeffer nach Geschmack

optional: Chiliflocken oder -soße für etwas Schärfe

optional: Frühlingszwiebeln oder Sesamsamen zum Garnieren

schwarze oder grüne Oliven, gehackte Walnüsse oder Pinienkerne für zusätzliche Textur

1. Tofu braten: Erhitze das Sesamöl in einer Pfanne und brate den Tofu bei mittlerer Hitze an, bis er rundum goldbraun und knusprig ist. Nimm den Tofu aus der Pfanne und stelle ihn beiseite.
2. Gemüse anbraten: Im selben Öl die Karotte, rote Paprika, Zucchini und Brokkoli anbraten, bis das Gemüse weich, aber noch bissfest ist.
3. Knoblauch und Ingwer hinzufügen: Gib Knoblauch und Ingwer dazu und brate alles kurz mit.
4. Tofu und Sojasoße hinzufügen: Füge den gebratenen Tofu wieder hinzu und würze die Pfanne mit Sojasoße, Salz, Pfeffer und optional Chiliflocken oder -soße.
5. Servieren: Serviere die Gemüsepfanne mit Tofu und garniere sie nach Wunsch mit Frühlingszwiebeln oder Sesamsamen.

Diese Gemüsepfanne ist reich an Proteinen und Vitaminen und lässt sich leicht anpassen, indem du verschiedene Gemüsesorten verwendest. Es ist ein perfektes, schnelles Abendessen, das sättigt und gesund ist.

HÄHNCHEN-QUESADILLAS

Zutaten:

2 Hähnchenbrustfilets

1 Teelöffel Paprikapulver

Salz und Pfeffer nach Geschmack

4 große Weizentortillas

200 g geriebener Käse (z. B. Cheddar oder Mozzarella)

1 rote Paprika, in dünne Streifen geschnitten

1 kleine Zwiebel, fein geschnitten

1 Esslöffel Olivenöl

optional: Guacamole, Salsa oder saure Sahne zum Dippen

1. Würze die Hähnchenbrustfilets mit Paprikapulver, Salz und Pfeffer. Brate die Filets in einer Pfanne mit Olivenöl bei mittlerer Hitze von beiden Seiten, bis sie durchgegart sind. Lasse sie etwas abkühlen und schneide sie dann in dünne Streifen.
2. In derselben Pfanne die Paprikastreifen und Zwiebeln anbraten, bis sie weich sind.
3. Lege eine Tortilla in eine trockene Pfanne. Streue die Hälfte des Käses darauf, verteile die Hälfte der Hähnchenstreifen und des Gemüses darauf und streue dann noch etwas Käse darüber. Lege eine zweite Tortilla darauf.
4. Brate die Quesadilla bei mittlerer Hitze, bis der Käse geschmolzen und die Tortilla knusprig und golden ist. Wende sie vorsichtig, um die andere Seite zu braten. Wiederhole den Vorgang mit den restlichen Zutaten.
5. Schneide die Quesadillas in Dreiecke und serviere sie mit Guacamole, Salsa oder saurer Sahne.

Diese Hähnchen-Quesadillas sind nicht nur lecker, sondern auch schnell und einfach zuzubereiten. Sie eignen sich perfekt für ein schnelles Mittagessen und sind bei Teenagern sehr beliebt.

HAUSGEMACHTES SUSHI

Zutaten für Sushi-Reis:

2 Tassen Sushi-Reis

2,5 Tassen Wasser

1/3 Tasse Reisessig

2 Esslöffel Zucker

1 Teelöffel Salz

Zutaten für Sushi-Rollen:

Nori-Blätter (Seetang)

frischer Fisch wie Lachs oder Thunfisch, in dünne Streifen geschnitten (er muss zum Rohverzehr geeignet sein, also am besten beim Kauf fragen)

Gemüse wie Gurke, Avocado, Karotte, in Streifen geschnitten

optional: Frischkäse, Mayonnaise oder andere Zutaten nach Wunsch

Sojasoße, Wasabi und eingelegter Ingwer zum Servieren

1. Wasche den Sushi-Reis unter fließendem Wasser, bis das Wasser klar ist. Koche den Reis mit der angegebenen Menge Wasser. Lasse den Reis nach dem Kochen etwa 10 Minuten ruhen. Erwärme in einem kleinen Topf den Reisessig mit Zucker und Salz, bis sich alles auflöst. Vermische die Essigmischung vorsichtig mit dem Sushi-Reis.
2. Lege ein Nori-Blatt auf eine Sushi-Rollmatte (Makisu). Verteile eine dünne Schicht Sushi-Reis gleichmäßig auf dem Nori-Blatt, lasse dabei am oberen Rand etwa 2 cm frei.
3. Lege in die Mitte des Reises die gewünschten Füllungen wie Fischstreifen, Gemüse und optional Frischkäse.
4. Hebe die untere Kante der Rollmatte an und rolle das Sushi fest auf. Achte darauf, dass die Füllung in der Mitte bleibt und die Rolle fest und gleichmäßig ist.
5. Schneide die Sushi-Rolle mit einem scharfen, feuchten Messer in gleichmäßige Stücke. Serviere das Sushi mit Sojasoße, Wasabi und eingelegtem Ingwer.

Dieses Sushi-Rezept ist eine tolle Möglichkeit, ein japanisches Abendessen zu Hause zu genießen. Du kannst die Zutaten nach deinem Geschmack variieren und verschiedene Arten von Sushi-Rollen kreieren.

HÜHNCHEN-TIKKA-MASALA

Zutaten für das Hühnchen:
500 g Hühnerbrust, in Würfel geschnitten
150 g Naturjoghurt
2 Knoblauchzehen, fein gehackt
1 kleines Stück Ingwer, fein gerieben
1 Teelöffel Garam Masala
1 Teelöffel Kurkuma
1 Teelöffel gemahlener Kreuzkümmel
1 Teelöffel Paprikapulver
Salz und Pfeffer
Saft einer halben Zitrone
2 Esslöffel Pflanzenöl

Zutaten für die Soße:
1 große Zwiebel, fein gewürfelt
2 Knoblauchzehen, fein gehackt
1 kleines Stück Ingwer, fein gerieben
1 Dose Tomaten (400 g)
1 Teelöffel Garam Masala
1 Teelöffel gemahlener Kreuzkümmel
1/2 Teelöffel Chilipulver (oder nach Geschmack)
200 ml Sahne oder Kokosmilch
2 Esslöffel Tomatenmark
frischer Koriander zum Garnieren
Salz und Pfeffer
Pflanzenöl zum Anbraten

1. Mische Joghurt, Knoblauch, Ingwer, Garam Masala, Kurkuma, Kreuzkümmel, Paprikapulver, Salz, Pfeffer und Zitronensaft in einer Schüssel. Füge das Hühnchen hinzu und mariniere es mindestens eine Stunde lang, idealerweise über Nacht.

2. Erhitze das Öl in einer Pfanne und brate das marinierte Hühnchen, bis es rundum goldbraun ist. Nimm es dann aus der Pfanne und stelle es beiseite.

3. In derselben Pfanne die Zwiebeln, Knoblauch und Ingwer anbraten, bis sie weich sind. Füge Garam Masala, Kreuzkümmel, Chilipulver und Tomatenmark hinzu und röste alles kurz mit. Gib die Tomaten dazu und lass die Soße etwa 10 Minuten köcheln.

4. Füge das angebratene Hühnchen zur Soße hinzu und köchle alles zusammen für weitere 10–15 Minuten.

5. Rühre die Sahne oder Kokosmilch ein und lass das Gericht noch einige Minuten köcheln. Schmecke mit Salz und Pfeffer ab

6. Garniere das Hühnchen-Tikka-Masala mit frischem Koriander und serviere es mit Reis oder Naan-Brot.

Dieses Hühnchen-Tikka-Masala ist reich an Aromen und bietet eine köstliche Kombination aus zarten Hühnchenstücken und einer cremigen, würzigen Soße.

KARTOFFELGRATIN

Zutaten:

1 kg festkochende Kartoffeln

2 Knoblauchzehen

300 ml Sahne

200 ml Milch

100 g geriebener Käse (z. B. Gruyère oder Emmentaler)

Salz

frisch gemahlener schwarzer Pfeffer

Muskatnuss

Butter zum Einfetten der Form

1. Heize deinen Ofen auf 180 °C vor.
2. Schäle die Kartoffeln und schneide sie in dünne Scheiben, am besten mit einem Gemüsehobel oder einer Küchenmaschine.
3. Reibe die Knoblauchzehen und mische sie mit der Sahne und der Milch in einem Topf. Erhitze die Mischung vorsichtig, aber lass sie nicht kochen. Würze mit Salz, Pfeffer und einer Prise Muskatnuss.
4. Fette eine Auflaufform mit Butter ein. Schichte die Kartoffelscheiben dachziegelartig in die Form.
5. Gieße die warme Sahne-Milch-Mischung über die Kartoffelscheiben, sodass sie fast bedeckt sind.
6. Streue den geriebenen Käse gleichmäßig über die Kartoffeln.
7. Backe das Gratin im vorgeheizten Ofen für etwa 45–60 Minuten, bis die Kartoffeln weich sind und eine goldbraune Kruste entstanden ist.
8. Lass das Kartoffelgratin vor dem Servieren ein paar Minuten ruhen.

Dieses Kartoffelgratin ist cremig, reichhaltig und hat eine herrlich knusprige Käsekruste. Es passt perfekt als Beilage zu Fleischgerichten oder einfach als Hauptgericht mit einem frischen grünen Salat. Guten Appetit!

KLASSISCHE LASAGNE

Zutaten für die Bolognese-Soße:
500 g Rinderhackfleisch
1 Zwiebel, fein gewürfelt
2 Knoblauchzehen, fein gehackt
1 Karotte, fein gewürfelt
1 Stange Sellerie, fein gewürfelt
1 Dose Tomaten (geschält, ca. 400 g)
2–3 Esslöffel Tomatenmark
1 Glas Rotwein (optional)
1 Teelöffel getrockneter Oregano
Salz und Pfeffer
Olivenöl

Zutaten für die Bechamelsauce:
50 g Butter
50 g Mehl
500 ml Milch
Salz, Pfeffer, Muskatnuss

Weitere Zutaten:
Lasagneplatten (vorgekocht oder frisch)
200 g geriebener Mozzarella oder Parmesan

1. Zwiebel, Knoblauch, Karotte und Sellerie in Olivenöl anbraten. Hackfleisch hinzufügen und braten, bis es braun ist. Tomatenmark einrühren, dann die geschälten Tomaten, Wein, Oregano, Salz und Pfeffer hinzufügen. Die Soße bei niedriger Hitze mindestens 30 Minuten köcheln lassen.

2. Butter in einem Topf schmelzen, Mehl einrühren und kurz anschwitzen. Nach und nach die Milch unter ständigem Rühren hinzufügen, bis eine glatte Soße entsteht. Mit Salz, Pfeffer und Muskatnuss würzen.

3. In einer Auflaufform zuerst eine Schicht Bolognese-Soße verteilen, dann Lasagneplatten darauflegen. Weiter mit Bechamelsauce, Bolognese und Lasagneplatten. Alles übereinanderschichten, bis alle Zutaten aufgebraucht sind. Die oberste Schicht sollte aus Bechamelsauce bestehen, darauf den geriebenen Käse streuen.

4. Bei 180 °C etwa 30–40 Minuten backen, bis die Oberfläche goldbraun und knusprig ist.

5. Vor dem Servieren einige Minuten ruhen lassen.

Diese Lasagne ist ein herzhafter Klassiker, perfekt für ein Familienessen oder besondere Anlässe. Sie lässt sich auch gut vorbereiten und am nächsten Tag aufwärmen.

KLASSISCHER FLAMMKUCHEN

Zutaten für den Teig:

250 g Mehl

125 ml Wasser

2 Esslöffel Öl (z. B. Olivenöl)

1/2 Teelöffel Salz

Zutaten für den Belag:

200 g Crème fraîche oder Schmand

1 kleine Zwiebel, in dünne Ringe geschnitten

100 g Speckwürfel

Salz und Pfeffer

optional: Schnittlauch oder Frühlingszwiebeln zum Garnieren

1. Für den Teig das Mehl in eine Schüssel sieben. Wasser, Öl und Salz hinzufügen und alles zu einem glatten Teig verkneten. Falls der Teig zu trocken ist, kannst du noch etwas Wasser hinzufügen. Den Teig etwa 30 Minuten ruhen lassen.
2. Heize deinen Ofen auf 250 °C vor, am besten mit einem Pizzastein auf dem Rost oder einem umgedrehten Backblech.
3. Rolle den Teig auf einer bemehlten Arbeitsfläche so dünn wie möglich aus. Lege ihn auf ein Stück Backpapier, damit du ihn leichter in den Ofen schieben kannst.
4. Verteile die Crème fraîche oder den Schmand gleichmäßig auf dem ausgerollten Teig, lasse dabei einen kleinen Rand frei.
5. Belege den Teig mit den Zwiebelringen und den Speckwürfeln. Würze mit Salz und Pfeffer nach Geschmack.
6. Schiebe den Flammkuchen mithilfe des Backpapiers auf den heißen Pizzastein oder das umgedrehte Backblech im Ofen.
7. Backe den Flammkuchen für etwa 10–15 Minuten, bis der Rand knusprig und leicht gebräunt ist.
8. Nimm den Flammkuchen aus dem Ofen und garniere ihn optional mit Schnittlauch oder Frühlingszwiebeln.

Dieser klassische Flammkuchen ist knusprig und lecker. Er ist perfekt für ein schnelles Abendessen oder als Teil eines gemütlichen Abendessens mit Freunden geeignet. Guten Appetit!

KOREANISCHES BIBIMBAP

Zutaten:

2 Tassen gekochter Reis

200 g Rindfleisch, in dünne Streifen geschnitten (oder Tofu für eine vegetarische Variante)

1 Karotte, in dünne Streifen geschnitten

1 Zucchini, in dünne Streifen geschnitten

1 Handvoll Spinat, blanchiert

1 kleine Gurke, in dünne Streifen geschnitten

2–3 Shiitake-Pilze, in Scheiben geschnitten

1–2 Esslöffel Gochujang (koreanische Chilipaste)

1 Knoblauchzehe, fein gehackt

Sojasoße, Sesamöl

Salz und Pfeffer

1 Ei pro Portion

Sesamsamen und gehackter Frühlingszwiebel zum Garnieren

1. Blanchiere den Spinat und brate Karotten, Zucchini und Shiitake-Pilze jeweils separat in einer Pfanne mit etwas Öl, Knoblauch, Salz und Pfeffer. Stelle das Gemüse beiseite.
2. Brate das Rindfleisch oder den Tofu in einer Pfanne mit etwas Sojasoße und Sesamöl, bis es gar ist.
3. Brate die Eier einzeln in einer Pfanne, bis das Eigelb noch leicht flüssig ist.
4. Gib eine Portion Reis in eine Schüssel. Ordne das gebratene Gemüse, das Fleisch oder den Tofu und das gebratene Ei auf dem Reis an. Füge einen Esslöffel Gochujang hinzu.
5. Bestreue das Bibimbap mit Sesamsamen und gehackten Frühlingszwiebeln. Vor dem Essen sollten alle Zutaten gründlich miteinander vermischt werden.

Bibimbap ist ein sehr anpassungsfähiges Gericht, bei dem du eine Vielzahl von Gemüsesorten verwenden und es nach deinen Vorlieben anpassen kannst. Es ist bekannt für seine bunten Zutaten und seine ausgewogene Ernährung.

LACHS TERIYAKI

Zutaten:

2 Lachsfilets (etwa 150–200 g pro Stück)

2 Esslöffel Sojasoße

2 Esslöffel Mirin (japanischer Reiswein)

1 Esslöffel Sake (japanischer Reiswein) oder trockener Weißwein

1 Esslöffel Zucker

1 Knoblauchzehe, fein gehackt

1 kleines Stück Ingwer, fein gerieben

1 Esslöffel Öl (z. B. Sesamöl oder neutrales Pflanzenöl)

Frühlingszwiebeln und Sesamsamen zum Garnieren

1. In einer kleinen Schüssel Sojasoße, Mirin, Sake, Zucker, gehackten Knoblauch und geriebenen Ingwer vermischen, um die Teriyaki-Soße herzustellen.
2. Die Lachsfilets in der Teriyaki-Soße für mindestens 30 Minuten marinieren. Für ein intensiveres Aroma können sie auch länger mariniert werden.
3. Erhitze das Öl in einer Pfanne bei mittlerer bis hoher Hitze. Nimm die Lachsfilets aus der Marinade und brate sie in der Pfanne. Beginne mit der Hautseite nach unten, bis die Haut knusprig ist, und wende sie dann, um die andere Seite zu braten. Der Lachs sollte außen knusprig und innen noch saftig sein.
4. Während der Lachs brät, bringst du die übrig gebliebene Marinade in einem kleinen Topf zum Kochen und lässt sie köcheln, bis sie leicht eindickt.
5. Serviere den Lachs mit der reduzierten Teriyaki-Soße. Garniere mit gehackten Frühlingszwiebeln und Sesamsamen.

Als Beilage eignen sich Reis und gedünstetes Gemüse hervorragend, um ein ausgewogenes und köstliches Gericht zu kreieren. Guten Appetit!

MACARONI AND CHEESE

Zutaten:

250 g Macaroni (Makkaroni) oder eine andere kurze Nudelsorte

2 Esslöffel Butter

2 Esslöffel Mehl

2 Tassen Milch

250 g geriebener Cheddarkäse

Salz und Pfeffer nach Geschmack

optional: eine Prise Muskatnuss

optional: Zusätzlicher Käse für die Oberseite oder Brotkrumen

1. Koche die Macaroni in einem großen Topf mit gesalzenem Wasser gemäß der Packungsanleitung, bis sie al dente, also bissfest sind. Gieße sie ab und stelle sie beiseite.
2. Schmelze die Butter in einem Topf bei mittlerer Hitze. Füge das Mehl hinzu und rühre um, bis eine glatte Paste entsteht. Lasse die Mischung für ein paar Minuten kochen, aber achte darauf, dass sie nicht bräunt.
3. Gieße langsam unter ständigem Rühren die Milch hinzu, um Klumpen zu vermeiden. Koche die Mischung unter Rühren, bis sie eindickt.
4. Nimm den Topf vom Herd und rühre den geriebenen Käse unter, bis er geschmolzen ist. Würze mit Salz, Pfeffer und optional Muskatnuss.
5. Vermische die gekochten Macaroni mit der Käsesoße und rühre um, bis alle Nudeln gut bedeckt sind.
6. Für eine knusprige Oberfläche kannst du die Macaroni and Cheese in eine Auflaufform geben, mit zusätzlichem Käse oder Brotkrumen bestreuen und bei 180 °C für etwa 15–20 Minuten backen, bis die Oberfläche goldbraun ist.
7. Serviere die Macaroni and Cheese heiß als köstliches und sättigendes Abendessen.

Macaroni and Cheese ist ein echter Klassiker, der sich großer Beliebtheit erfreut und leicht an den persönlichen Geschmack angepasst werden kann.

MAULTASCHEN

Zutaten für den Teig:

300 g Mehl

3 Eier

1 Prise Salz

1–2 Esslöffel Wasser
(nach Bedarf)

Zutaten für die Füllung:

250 g gemischtes
Hackfleisch

150 g Spinat
(frisch oder tiefgekühlt)

1 kleine Zwiebel,
fein gehackt

2 Knoblauchzehen,
fein gehackt

1 Ei

50 g Semmelbrösel

Salz, Pfeffer, Muskatnuss

1. Für den Teig das Mehl in eine Schüssel sieben. Eier, Salz und Wasser hinzufügen und alles zu einem glatten Teig verkneten. Bei Bedarf etwas mehr Wasser oder Mehl hinzufügen. Den Teig etwa 30 Minuten ruhen lassen.
2. Für die Füllung den Spinat blanchieren, ausdrücken und fein hacken. In einer Schüssel das Hackfleisch, den Spinat, die gehackte Zwiebel, den Knoblauch, das Ei und die Semmelbrösel vermischen. Mit Salz, Pfeffer und Muskatnuss würzen.
3. Den Teig auf einer bemehlten Fläche dünn ausrollen. Mit einem Messer oder Teigrädchen Quadrate von ca. 8×8 cm ausschneiden.
4. Etwas Füllung auf die Mitte jedes Teigquadrats setzen. Die Ränder mit etwas Wasser befeuchten, den Teig über der Füllung zusammenklappen und die Ränder fest andrücken, um die Füllung zu versiegeln.
5. Die Maultaschen in siedendem Salzwasser oder Brühe für ca. 15–20 Minuten gar ziehen lassen.
6. Die gekochten Maultaschen können in Brühe serviert oder in einer Pfanne mit etwas Butter angebraten werden.
7. Optional können die Maultaschen mit gerösteten Zwiebeln und frischen Kräutern garniert werden.

Maultaschen sind ein traditionelles schwäbisches Gericht, das sowohl als Suppeneinlage als auch als Hauptgericht serviert werden kann. Sie sind vielseitig und können auch mit anderen Füllungen wie Gemüse oder Käse zubereitet werden. Guten Appetit!

NUDELAUFLAUF

Zutaten:

500 g Nudeln
(z. B. Penne oder Rigatoni)

500 ml Tomatensoße

200 g geriebener Käse
(z. B. Mozzarella, Cheddar oder eine Mischung)

250 g Hackfleisch
(Rind oder gemischt)

1 Zwiebel, fein gehackt

2 Knoblauchzehen,
fein gehackt

1 Teelöffel getrockneter Oregano

1 Teelöffel getrockneter Basilikum

Salz und Pfeffer

Olivenöl

optional: Gemüse wie Paprika, Zucchini oder Pilze, gewürfelt

1. Koche die Nudeln in einem großen Topf mit Salzwasser gemäß der Packungsanleitung, bis sie al dente (bissfest) sind. Gieße sie ab und stelle sie beiseite.
2. Heize deinen Ofen auf 180 °C vor.
3. Erhitze etwas Olivenöl in einer Pfanne und brate die Zwiebeln und den Knoblauch darin an, bis sie weich sind. Füge das Hackfleisch hinzu und brate es, bis es vollständig gekocht ist.
4. Wenn du Gemüse verwendest, füge es jetzt hinzu und brate es einige Minuten mit.
5. Gib die Tomatensoße, Oregano, Basilikum, Salz und Pfeffer hinzu und lasse die Soße einige Minuten köcheln.
6. Vermische die gekochten Nudeln mit der Fleischsoße und der Hälfte des Käses in einer großen Schüssel.
7. Gib die Nudelmischung in eine Auflaufform. Streue den restlichen Käse darüber.
8. Backe den Auflauf im vorgeheizten Ofen für etwa 20–25 Minuten, bis der Käse geschmolzen und leicht goldbraun ist.
9. Lass den Nudelauflauf kurz abkühlen, bevor du ihn servierst.

Dieser herzhafte Nudelauflauf ist ein Klassiker, der immer gut ankommt. Du kannst ihn nach Belieben mit deinen Lieblingsgemüsesorten anpassen. Guten Appetit!

NUDELPFANNE MIT GEMÜSE UND ERDNUSSSOẞE

Zutaten:

200 g Nudeln (z. B. Spaghetti oder Linguine)

1 Karotte, in dünne Streifen geschnitten

1 rote Paprika, in Streifen geschnitten

1 Zucchini, in Halbmonde geschnitten

1 Brokkoli, in kleine Röschen zerteilt

2 Esslöffel Erdnussbutter

1 Esslöffel Sojasoße

1 Esslöffel Honig oder Ahornsirup

1 Knoblauchzehe, fein gehackt

1 kleines Stück Ingwer, fein gerieben

Saft einer halben Limette

2 Esslöffel Wasser

2 Esslöffel Pflanzenöl

optional: gehackte Erdnüsse oder frische Kräuter zum Garnieren

1. Koche die Nudeln nach Packungsanleitung in gesalzenem Wasser, bis sie al dente sind. Gieße sie ab und behalte etwas vom Kochwasser zurück.

2. Erhitze das Pflanzenöl in einer großen Pfanne und brate Karotte, Paprika, Zucchini und Brokkoli an, bis das Gemüse weich, aber noch bissfest ist.

3. In einer kleinen Schüssel Erdnussbutter, Sojasoße, Honig oder Ahornsirup, Knoblauch, Ingwer, Limettensaft und Wasser verrühren, bis eine glatte Soße entsteht.

4. Gib die gekochten Nudeln und die Erdnusssoße in die Pfanne zum Gemüse. Rühre alles gut um und lasse es kurz köcheln. Falls die Soße zu dick ist, füge etwas vom Nudelkochwasser hinzu.

5. Serviere die Nudelpfanne heiß und garniere sie nach Wunsch mit gehackten Erdnüssen oder frischen Kräutern.

Diese Nudelpfanne ist schnell zubereitet und bietet eine köstliche Kombination aus frischem Gemüse und einer cremigen Erdnusssoße. Es ist ein perfektes Abendessen für Teenager, das sättigt und lecker schmeckt.

ONE-POT-TOMATEN-REIS MIT CHORIZO

Zutaten:

200 g Chorizo, in Scheiben geschnitten

1 Zwiebel, fein gehackt

2 Knoblauchzehen, fein gehackt

250 g Reis (z. B. Basmati oder Arborio)

400 g gehackte Tomaten (aus der Dose)

500 ml Hühner- oder Gemüsebrühe

1 Teelöffel Paprikapulver

1/2 Teelöffel Chiliflocken (optional)

Salz und Pfeffer

einige Zweige frischer Thymian oder ein Teelöffel getrockneter Thymian

Olivenöl

frische Petersilie, gehackt (zum Garnieren)

1. Etwas Olivenöl in einem großen Topf oder einer tiefen Pfanne bei mittlerer Hitze erhitzen. Die Chorizo-Scheiben hinzufügen und braten, bis sie leicht knusprig sind. Dann aus dem Topf nehmen und beiseitestellen.
2. Im gleichen Topf die Zwiebel und den Knoblauch mit etwas mehr Öl andünsten, bis die Zwiebel glasig ist.
3. Den Reis hinzufügen und kurz mit anbraten, sodass der Reis etwas glasig wird. Dann Paprikapulver, Chiliflocken, Salz und Pfeffer hinzufügen und gut umrühren.
4. Die gehackten Tomaten und die Brühe in den Topf geben. Alles gut umrühren und zum Kochen bringen.
5. Sobald die Mischung kocht, die Hitze reduzieren und den Topf mit einem Deckel abdecken. Etwa 20 Minuten köcheln lassen, bis der Reis weich ist und die meiste Flüssigkeit absorbiert wurde.
6. Die gebratene Chorizo und den Thymian hinzufügen. Alles gut umrühren und weitere 5 Minuten köcheln lassen.
7. Abschmecken und bei Bedarf nachwürzen. Mit frischer Petersilie garniert servieren.

Dieses Gericht ist eine tolle Kombination aus würziger Chorizo, saftigen Tomaten und aromatischem Reis. Es ist einfach zuzubereiten und perfekt für ein schnelles, herzhaftes Abendessen. Guten Appetit!

ONE-POT-CHILI

Zutaten:

500 g Rinderhackfleisch (oder gemischtes Hackfleisch)

1 große Zwiebel, gewürfelt

2 Knoblauchzehen, fein gehackt

1 rote Paprika, gewürfelt

1 Dose Kidneybohnen (ca. 400 g), abgespült und abgetropft

1 Dose gehackte Tomaten (ca. 400 g)

2 Esslöffel Tomatenmark

1–2 Tassen Rinderbrühe oder Wasser

1 Teelöffel gemahlener Kreuzkümmel

1 Teelöffel Paprikapulver

1/2 Teelöffel Cayennepfeffer (oder nach Geschmack)

Salz und Pfeffer nach Geschmack

optional: Maiskörner, gehackte grüne Chilis

zum Garnieren: frische Korianderblätter, geriebener Käse, saure Sahne

1. Erhitze einen großen Topf bei mittlerer Hitze. Gib das Hackfleisch hinein und brate es, bis es braun und krümelig ist. Nimm das Fleisch aus dem Topf und stelle es beiseite.
2. In demselben Topf die Zwiebeln, Knoblauch und Paprika anbraten, bis sie weich sind.
3. Gib das Tomatenmark und die Gewürze (Kreuzkümmel, Paprikapulver, Cayennepfeffer) hinzu und rühre alles gut um.
4. Füge das gebratene Fleisch, die gehackten Tomaten und die Brühe oder Wasser hinzu. Rühre gut um.
5. Gib die Kidneybohnen (und optional Maiskörner oder grüne Chilis) in den Topf und rühre alles um.
6. Lasse das Chili bei niedriger Hitze für mindestens 30 Minuten köcheln, idealerweise länger, um die Aromen zu intensivieren. Rühre gelegentlich um und füge bei Bedarf mehr Wasser hinzu.
7. Schmecke das Chili mit Salz und Pfeffer ab und serviere es heiß. Garniere es mit frischem Koriander, geriebenem Käse und einem Klecks saurer Sahne.

Dieses One-Pot-Chili ist vielseitig und kann leicht an deinen Geschmack und die verfügbaren Zutaten angepasst werden. Es ist perfekt für kalte Tage und lässt sich hervorragend aufwärmen.

ONE-POT-GRIECHISCHES HÜHNCHEN

Zutaten:

4 Hühnerbrustfilets oder Hühnerschenkel

2 Esslöffel Olivenöl

1 Zwiebel, gehackt

3 Knoblauchzehen, fein gehackt

1 Dose gehackte Tomaten (ca. 400 g)

1/2 Tasse Hühnerbrühe

1/2 Tasse schwarze oder grüne Oliven, entkernt

1/2 Tasse Feta-Käse, zerbröckelt

1 Zitrone, Saft und Spalten

1 Teelöffel getrockneter Oregano

Salz und Pfeffer nach Geschmack

frische Petersilie oder Dill zum Garnieren

1. Erhitze das Olivenöl in einem großen Topf oder einer tiefen Pfanne bei mittlerer Hitze. Würze die Hühnchenstücke mit Salz und Pfeffer und brate sie von beiden Seiten an, bis sie goldbraun sind. Nimm das Hühnchen aus dem Topf und stelle es beiseite.
2. Gib in denselben Topf die gehackte Zwiebel und brate sie, bis sie weich ist. Füge den Knoblauch hinzu und brate ihn kurz mit.
3. Füge die gehackten Tomaten und die Hühnerbrühe hinzu. Bringe die Mischung zum Köcheln.
4. Lege das angebratene Hühnchen zurück in den Topf. Decke es ab und lasse es etwa 20 Minuten köcheln, bis das Hühnchen vollständig durchgegart ist.
5. Füge die Oliven, den zerbröckelten Feta-Käse, Zitronensaft und Zitronenspalten sowie den getrockneten Oregano hinzu. Lasse alles für weitere 5 Minuten köcheln.
6. Schmecke das Gericht mit Salz und Pfeffer ab und garniere es vor dem Servieren mit frischer Petersilie oder Dill.

Dieses One-Pot-griechische-Hühnchen ist ein einfaches und köstliches Gericht, das die Aromen der griechischen Küche wunderbar einfängt. Es passt gut zu Reis, Nudeln oder einem frischen Salat.

ONE-POT-JAMBALAYA

Zutaten:
2 Hähnchenbrustfilets, in Würfel geschnitten
200 g Chorizo oder Andouille-Wurst, in Scheiben geschnitten
1 große Zwiebel, gewürfelt
1 grüne Paprika, gewürfelt
2 Stangen Sellerie, fein gehackt
3 Knoblauchzehen, fein gehackt
1 Dose (400 g) gehackte Tomaten
1,5 Tassen Langkornreis
3 Tassen Hühnerbrühe
1 Teelöffel Paprikapulver
1/2 Teelöffel Cayennepfeffer (oder nach Geschmack)
1 Teelöffel getrockneter Thymian
1 Teelöffel getrockneter Oregano
Salz und Pfeffer nach Geschmack
200 g Garnelen, geschält und entdarmt
optional: frische Petersilie zum Garnieren
optional: ein paar Tropfen Tabasco-Soße

1. Erhitze einen großen, tiefen Topf oder eine Pfanne bei mittlerer Hitze. Brate die Hähnchenbruststücke und die Wurstscheiben an, bis sie leicht gebräunt sind. Nimm sie dann aus dem Topf und stelle sie beiseite.
2. Im selben Topf die Zwiebel, grüne Paprika, Sellerie und Knoblauch anbraten, bis das Gemüse weich ist.
3. Füge Paprikapulver, Cayennepfeffer, Thymian, Oregano, Salz und Pfeffer hinzu und rühre um, um die Aromen freizusetzen.
4. Gib den Reis und die gehackten Tomaten in den Topf. Rühre um, damit der Reis von den Gewürzen und dem Tomatensaft bedeckt ist.
5. Gieße die Hühnerbrühe hinzu und rühre alles gut um.
6. Füge die angebratenen Hähnchen- und Wurststücke hinzu. Bringe alles zum Kochen.
7. Reduziere die Hitze, decke den Topf ab und lasse das Jambalaya etwa 20–25 Minuten köcheln, bis der Reis fast vollständig gegart ist.
8. Gib die Garnelen hinzu und koche sie, bis sie gerade rosa und durchgegart sind.
9. Schmecke das Jambalaya ab und passe die Würzung bei Bedarf an. Garniere es mit frischer Petersilie und serviere es heiß, optional mit ein paar Tropfen Tabasco-Soße.

Jambalaya ist ein herzhaftes und vielseitiges Gericht, das sich perfekt für gesellige Anlässe eignet. Es lässt sich gut im Voraus zubereiten und ist am nächsten Tag oft noch geschmackvoller.

ONE-POT-ORZO MIT SPINAT UND FETA

Zutaten:

1 Tasse Orzo (Reisnudeln)

2 Tassen Hühner- oder Gemüsebrühe

1 große Zwiebel, fein gewürfelt

2 Knoblauchzehen, fein gehackt

2 Esslöffel Olivenöl

3 Tassen frischer Spinat, grob gehackt

1/2 Tasse Feta-Käse, zerbröckelt

Salz und Pfeffer nach Geschmack

optional: ein Teelöffel getrockneter Oregano oder Basilikum

optional: Zitronensaft oder Zitronenabrieb für zusätzliche Frische

optional: Gehackte Kirschtomaten oder sonnengetrocknete Tomaten für mehr Geschmack

1. Erhitze das Olivenöl in einem großen Topf oder einer tiefen Pfanne. Füge die Zwiebeln hinzu und brate sie, bis sie weich sind. Füge den Knoblauch hinzu und brate ihn kurz mit.
2. Gib den Orzo in den Topf und röste ihn leicht mit den Zwiebeln und dem Knoblauch an, bis er gut überzogen ist.
3. Gieße die Hühner- oder Gemüsebrühe hinzu und bringe alles zum Kochen. Reduziere die Hitze und lasse den Orzo köcheln, bis er al dente ist und die meiste Flüssigkeit aufgenommen hat. Rühre gelegentlich um.
4. Wenn der Orzo fast fertig ist, füge den Spinat hinzu und rühre um, bis er welk ist.
5. Nimm den Topf vom Herd und rühre den zerbröckelten Feta-Käse unter. Schmecke mit Salz, Pfeffer und optional mit getrockneten Kräutern, Zitronensaft oder Zitronenabrieb (von der Schale einer Bio-Zitrone oder einer sehr gründlich gewaschenen Zitrone) ab.
6. Wenn du möchtest, kannst du gehackte frische oder sonnengetrocknete Tomaten für zusätzlichen Geschmack und Farbe hinzufügen.
7. Serviere das Orzo-Gericht warm als Hauptgericht oder Beilage.

Dieses Gericht ist vielseitig und kann leicht an deine Geschmacksvorlieben angepasst werden. Es ist eine großartige Möglichkeit, ein nahrhaftes und leckeres Essen in nur einem Topf zuzubereiten, was sowohl Zeit als auch Abwasch spart.

POTATOWEDGES

Zutaten:

4 große Kartoffeln (vorzugsweise festkochend)

3 Esslöffel Olivenöl

1 Teelöffel Paprikapulver

1/2 Teelöffel Knoblauchpulver

1/2 Teelöffel Zwiebelpulver

1/4 Teelöffel Cayennepfeffer (optional, für Schärfe)

Salz und frisch gemahlener schwarzer Pfeffer

frische Kräuter zum Garnieren (z. B. Petersilie oder Rosmarin)

1. Heize deinen Ofen auf 200 °C vor.
2. Wasche die Kartoffeln gründlich und schneide sie in Wedges (Spalten). Du musst die Kartoffeln nicht schälen, es sei denn, du bevorzugst sie ohne Schale.
3. In einer großen Schüssel die Kartoffelwedges mit dem Olivenöl, Paprikapulver, Knoblauchpulver, Zwiebelpulver, Cayennepfeffer, Salz und Pfeffer vermischen, bis sie gleichmäßig bedeckt sind.
4. Lege ein Backblech mit Backpapier aus und verteile die gewürzten Kartoffelwedges darauf. Achte darauf, dass sie nicht übereinander liegen, damit sie gleichmäßig garen.
5. Backe die Kartoffelwedges für etwa 25–35 Minuten im Ofen, bis sie außen knusprig und innen weich sind. Wende sie nach der Hälfte der Zeit einmal, damit sie von beiden Seiten schön knusprig werden.
6. Nimm die fertigen Potatowedges aus dem Ofen und bestreue sie nach Belieben mit frischen Kräutern.

Diese Potatowedges sind eine tolle Beilage zu Fleischgerichten, Burgern oder einfach zum Dippen in deine Lieblingssoße. Sie sind außen knusprig und innen herrlich weich. Guten Appetit!

PULLED-PORK-SANDWICHES

Zutaten für das Pulled Pork:

1 kg Schweineschulter oder Nacken

2 Esslöffel brauner Zucker

1 Esslöffel Paprikapulver

1 Teelöffel gemahlener Kreuzkümmel

1 Teelöffel Knoblauchpulver

1 Teelöffel Zwiebelpulver

1 Teelöffel Salz

1/2 Teelöffel gemahlener schwarzer Pfeffer

1 Tasse BBQ-Soße

1/2 Tasse Apfelessig

1/2 Tasse Hühner- oder Gemüsebrühe

Zutaten für die Sandwiches:

Burgerbrötchen oder weiche Brötchen

Cole Slaw (Krautsalat)

Zusätzliche BBQ-Soße

1. Vermische braunen Zucker, Paprikapulver, Kreuzkümmel, Knoblauchpulver, Zwiebelpulver, Salz und Pfeffer. Reibe die Gewürzmischung über die Schweineschulter.
2. Lege das Fleisch in einen Slow-Cooker (alternativ in den Backofen). Gieße BBQ-Soße, Apfelessig und Brühe darüber. Koche das Fleisch auf niedriger Stufe für 8–10 Stunden oder auf hoher Stufe für 4–5 Stunden, bis es sehr zart ist.
3. Nimm das Fleisch aus dem Slow Cooker und zerkleinere es mit zwei Gabeln. Das Fleisch sollte so weich sein, dass es sich leicht auseinanderziehen lässt.
4. Gib das zerkleinerte Fleisch zurück in den Slow-Cooker und mische es mit der Soße.
5. Erwärme die Brötchen und belege sie mit einer großzügigen Portion Pulled Pork. Füge nach Wunsch Cole Slaw und zusätzliche BBQ-Soße hinzu.
6. Serviere die Pulled-Pork-Sandwiches heiß.

Pulled-Pork-Sandwiches sind eine großartige Option für ein sättigendes und schmackhaftes Abendessen. Das langsame Garen macht das Fleisch besonders zart und aromatisch.

SELBST GEMACHTE BURGER

Zutaten für die Burger-Patties:

500 g Rinderhackfleisch

1 kleine Zwiebel, fein gewürfelt

1 Knoblauchzehe, fein gehackt

1 Ei

2 Esslöffel Semmelbrösel

Salz und Pfeffer nach Geschmack

optional: ein Teelöffel Senf oder Gewürze wie Paprikapulver

Zutaten für die Burger:

4 Burgerbrötchen (Buns)

Salatblätter

Tomatenscheiben

Zwiebelringe

Käsescheiben (z. B. Cheddar)

Ketchup, Senf und/oder Mayonnaise

optional: Gewürzgurken, Avocadoscheiben oder Bacon

1. Vermische das Rinderhackfleisch mit den Zwiebeln, Knoblauch, Ei, Semmelbröseln, Salz, Pfeffer und optional weiteren Gewürzen. Forme aus der Masse vier gleichgroße Patties.
2. Erhitze eine Pfanne oder einen Grill. Brate die Patties je nach Wunsch 3–5 Minuten pro Seite für medium oder länger für durchgebraten.
3. Schneide die Burgerbrötchen auf und toaste sie leicht.
4. Belege die untere Hälfte der Brötchen zuerst mit Salat, dann mit dem Patty, gefolgt von Käse, Tomatenscheiben, Zwiebelringen und optional weiteren Zutaten wie Gewürzgurken oder Avocado.
5. Gib Ketchup, Senf und/oder Mayonnaise nach Geschmack darauf.
6. Setze die obere Hälfte des Brötchens darauf und serviere die Burger.

Diese Burger sind ein Klassiker und können nach Belieben mit verschiedenen Zutaten und Soßen angepasst werden. Sie sind perfekt für ein gemütliches Essen mit Freunden oder Familie.

SELBST GEMACHTE FALAFEL MIT HUMMUS

Zutaten für die Falafel:
250 g getrocknete Kichererbsen (über Nacht eingeweicht)
1 kleine Zwiebel, grob gehackt
2–3 Knoblauchzehen
1 Handvoll frischer Petersilie
1 Teelöffel Kreuzkümmel
1 Teelöffel gemahlener Koriander
1/2 Teelöffel Cayennepfeffer (optional)
1 Teelöffel Salz
1/2 Teelöffel Backpulver
2–3 Esslöffel Mehl
Pflanzenöl zum Frittieren

Zutaten für den Hummus:
400 g Dose Kichererbsen, abgespült und abgetropft
2–3 Esslöffel Tahini (Sesampaste)
1–2 Knoblauchzehen
Saft einer Zitrone
2–3 Esslöffel Olivenöl
Salz und Pfeffer nach Geschmack
optional: Paprikapulver oder Kreuzkümmel zum Garnieren

1. Mische die eingeweichten und abgetropften Kichererbsen, Zwiebel, Knoblauch, Petersilie, Kreuzkümmel, Koriander, Cayennepfeffer, Salz und Backpulver in einem Mixer oder einer Küchenmaschine zu einer groben Paste. Füge nach Bedarf Mehl hinzu, um die Mischung zu binden.
2. Forme aus der Mischung kleine Bällchen oder flache Patties.
3. Erhitze das Öl in einer tiefen Pfanne und frittiere die Falafel-Bällchen in kleinen Mengen, bis sie goldbraun und knusprig sind. Lasse sie auf Küchenpapier abtropfen.
4. Püriere die Kichererbsen, Tahini, Knoblauch, Zitronensaft und Olivenöl in einem Mixer oder mit einem Pürierstab, bis eine glatte Paste entsteht. Würze mit Salz und Pfeffer.
5. Serviere die Falafel mit dem Hummus und garniere den Hummus nach Wunsch mit etwas Paprikapulver oder Kreuzkümmel. Dazu passen Fladenbrot, frisches Gemüse oder ein einfacher Salat.

Dieses Gericht ist nicht nur lecker, sondern auch reich an Proteinen und Ballaststoffen. Selbst gemachte Falafel mit Hummus sind ein perfektes vegetarisches Abendessen, das sättigt und viele Geschmackserlebnisse bietet.

SELBST GEMACHTE PIZZA

Zutaten für den Pizzateig:

500 g Weizenmehl (Typ 405 oder 550)

1 Päckchen Trockenhefe (7 g)

1 Teelöffel Salz

1 Teelöffel Zucker

2 Esslöffel Olivenöl

300 ml lauwarmes Wasser

Zutaten für den Belag:

200 g Pizzasoße (fertig oder selbst gemacht)

200 g geriebener Mozzarella

Belag nach Wahl: z. B. Salami, Schinken, Pilze, Paprika, Zwiebeln, Oliven etc.

optional: frische Kräuter wie Basilikum oder Oregano

1. Vermische Mehl, Trockenhefe, Salz und Zucker in einer großen Schüssel. Füge Olivenöl und lauwarmes Wasser hinzu und knete alles zu einem glatten Teig. Lass den Teig an einem warmen Ort etwa 30 Minuten gehen, bis er sein Volumen verdoppelt hat.
2. Heize den Ofen auf 250 °C (Ober- und Unterhitze) vor.
3. Teile den Teig in zwei oder mehr Portionen, je nach gewünschter Größe und Dicke der Pizzen.
4. Lege den ausgerollten Teig auf ein mit Backpapier ausgelegtes Backblech. Bestreiche ihn gleichmäßig mit Pizzasoße und streue Mozzarella darüber. Belege die Pizza dann nach Wunsch mit weiteren Zutaten.
5. Backe jede Pizza für etwa 10–15 Minuten im vorgeheizten Ofen, bis der Rand goldbraun und der Käse geschmolzen ist.
6. Garniere die fertige Pizza optional mit frischen Kräutern und serviere sie heiß.

Diese selbst gemachte Pizza ist ein Klassiker, der sich leicht an jeden Geschmack anpassen lässt. Du kannst verschiedene Beläge ausprobieren und so deine eigene Lieblingspizza kreieren.

SHAKSHUKA, EINE NORDAFRIKANISCHE UND NAHÖSTLICHE EIERSPEISE

Zutaten:

4 Eier

1 Dose Tomatenstücke (ca. 400 g)

1 rote Paprika, gewürfelt

1 Zwiebel, fein gehackt

2 Knoblauchzehen, fein gehackt

1 Teelöffel Paprikapulver

1/2 Teelöffel Kreuzkümmel

1 Prise Chiliflocken (nach Geschmack)

Salz und Pfeffer nach Geschmack

2 Esslöffel Olivenöl

optional: frischer Koriander oder Petersilie zum Garnieren

Brot zum Servieren

1. Erhitze das Olivenöl in einer großen, tiefen Pfanne. Füge die gehackte Zwiebel und Paprika hinzu und brate sie, bis sie weich sind. Gib den Knoblauch dazu und brate alles noch einige Minuten weiter.
2. Füge die Tomatenstücke, Paprikapulver, Kreuzkümmel, Chiliflocken, Salz und Pfeffer hinzu. Lass die Mischung bei mittlerer Hitze etwa 10 Minuten köcheln, bis sie eindickt.
3. Mach mit einem Löffel vier kleine Vertiefungen in der Tomatensoße und schlage jeweils ein Ei in jede Vertiefung. Decke die Pfanne ab und lass die Eier 5–10 Minuten garen, je nachdem, wie fest das Eigelb sein soll.
4. Bestreue die Shakshuka vor dem Servieren mit frischem Koriander oder Petersilie und serviere sie mit Brot.

Shakshuka ist ein herzhaftes und wärmendes Gericht, das sich hervorragend für ein schnelles und nahrhaftes Abendessen eignet. Es ist auch ein großartiges Gericht, um Reste zu verwerten, da fast jedes Gemüse hinzugefügt werden kann.

SPAGHETTI AGLIO E OLIO

Zutaten:

200 g Spaghetti

3–4 Knoblauchzehen, fein gehackt

1/2 Tasse Olivenöl

1 Teelöffel rote Chiliflocken (oder nach Geschmack)

Salz nach Geschmack

frisch gehackte Petersilie

optional: Geriebener Parmesan

1. Koche die Spaghetti in einem großen Topf mit gesalzenem Wasser gemäß der Packungsanleitung, bis sie al dente sind. Behalte eine Tasse des Kochwassers zurück und gieße die Spaghetti dann ab.
2. Während die Spaghetti kochen, erhitze das Olivenöl in einer großen Pfanne. Füge den gehackten Knoblauch und die Chiliflocken hinzu. Brate sie bei niedriger Hitze an, bis der Knoblauch goldbraun ist. Achte darauf, dass der Knoblauch nicht verbrennt.
3. Gib die abgetropften Spaghetti in die Pfanne mit dem Knoblauchöl. Wenn die Pasta zu trocken erscheint, füge etwas vom aufbewahrten Kochwasser hinzu. Rühre alles gut um, sodass die Spaghetti mit dem Öl und Knoblauch bedeckt sind.
4. Vom Herd nehmen und die frisch gehackte Petersilie unterrühren. Serviere die Spaghetti Aglio e Olio optional mit geriebenem Parmesan.

Dieses Gericht ist supereinfach, schnell zuzubereiten und benötigt nur wenige Zutaten. Es ist perfekt für ein schnelles Abendessen und kann leicht an den persönlichen Geschmack angepasst werden.

SPAGHETTI BOLOGNESE

Zutaten:

500 g Spaghetti oder eine andere Pasta-Sorte

500 g Rinderhackfleisch

1 große Zwiebel, fein gewürfelt

2 Knoblauchzehen, fein gehackt

1 Karotte, fein gewürfelt

1 Stange Sellerie, fein gewürfelt

1 Dose Tomaten (geschält, ca. 400 g)

2–3 Esslöffel Tomatenmark

1 Teelöffel getrockneter Oregano

Salz und Pfeffer nach Geschmack

Olivenöl

optional: frisches Basilikum

1. Zwiebel, Knoblauch, Karotte und Sellerie fein würfeln.
2. Erhitze in einem großen Topf etwas Olivenöl und brate das Hackfleisch bei mittlerer Hitze, bis es braun und krümelig ist.
3. Füge Zwiebel, Knoblauch, Karotte und Sellerie hinzu und brate alles zusammen für einige Minuten.
4. Gib das Tomatenmark hinzu und rühre es unter. Füge dann die geschälten Tomaten, Oregano, Salz und Pfeffer hinzu.
5. Lasse die Soße bei niedriger Hitze für mindestens 30 Minuten köcheln, idealerweise länger, um die Aromen zu intensivieren. Rühre gelegentlich um.
6. In der Zwischenzeit bringst du in einem anderen Topf Salzwasser zum Kochen und kochst die Pasta nach Packungsanleitung al dente.
7. Gib die abgetropfte Pasta in den Topf mit der Bolognese-Soße und vermische alles.
8. Sofort servieren und nach Wunsch mit frischem Basilikum und geriebenem Parmesan garnieren.

Dieses klassische italienische Gericht ist bei Teenagern und Erwachsenen gleichermaßen beliebt und bietet eine köstliche Kombination aus Pasta und herzhafter Fleischsoße.

SPAGHETTI CARBONARA

Zutaten:

250 g Spaghetti

100 g Pancetta oder Speck, in Würfel geschnitten

2 große Eier

1/2 Tasse geriebener Parmesankäse

2 Knoblauchzehen, fein gehackt

schwarzer Pfeffer

Salz

optional: gehackte frische Petersilie zum Garnieren

1. Koche die Spaghetti in einem großen Topf mit gesalzenem Wasser gemäß der Packungsanleitung, bis sie al dente sind. Bewahre beim Abgießen ein paar Esslöffel des Nudelwassers auf.
2. Brate die Pancetta-Würfel in einer großen Pfanne bei mittlerer Hitze, bis sie knusprig sind. Füge gegen Ende der Garzeit den Knoblauch hinzu und brate ihn kurz mit.
3. In einer Schüssel die Eier mit dem geriebenen Parmesankäse verquirlen. Füge eine großzügige Menge schwarzen Pfeffers hinzu.
4. Gib die abgetropften, noch heißen Spaghetti in die Pfanne mit der Pancetta. Reduziere die Hitze und mische die Ei-Käse-Mischung unter, sodass die Eier nicht stocken, sondern eine cremige Soße bilden. Füge bei Bedarf etwas Nudelwasser hinzu, um die Soße zu lockern.
5. Sofort servieren und optional mit gehackter Petersilie garnieren.

Spaghetti Carbonara ist ein Klassiker der italienischen Küche, der mit wenigen Zutaten auskommt und schnell zubereitet ist. Es ist ein perfektes Gericht für ein schnelles und leckeres Abendessen.

THUNFISCH-PASTA

Zutaten:

250 g Pasta (z. B. Spaghetti, Penne oder Fusilli)

1 Dose Thunfisch in Öl oder Wasser, abgetropft

2–3 Knoblauchzehen, fein gehackt

1 kleine Zwiebel, fein gewürfelt

1 Dose gehackte Tomaten (ca. 400 g)

2 Esslöffel Olivenöl

1 Teelöffel getrockneter Oregano oder Basilikum

Salz und Pfeffer nach Geschmack

optional: frische Petersilie oder Basilikum, Kapern, Oliven, Chiliflocken

1. Koche die Pasta nach Packungsanleitung in einem großen Topf mit Salzwasser, bis sie al dente ist. Behalte beim Abgießen etwas vom Kochwasser zurück.
2. Während die Pasta kocht, erhitzt du das Olivenöl in einer großen Pfanne bei mittlerer Hitze. Füge die Zwiebel und den Knoblauch hinzu und brate sie, bis sie weich und leicht goldbraun sind.
3. Gib den Thunfisch und die gehackten Tomaten in die Pfanne. Würze mit Oregano, Salz und Pfeffer. Lass die Soße für etwa 10 Minuten köcheln, damit sich die Aromen entfalten können. Wenn du möchtest, kannst du jetzt auch Kapern, Oliven oder Chiliflocken hinzufügen.
4. Gib die gekochte Pasta in die Pfanne mit der Thunfischsoße. Vermische alles gut und füge bei Bedarf etwas vom aufbewahrten Pastawasser hinzu, um die Soße geschmeidiger zu machen.
5. Serviere die Thunfisch-Pasta heiß. Garniere sie optional mit frisch gehackter Petersilie oder Basilikum.

Diese Thunfisch-Pasta ist ein einfaches, aber schmackhaftes Gericht, das ideal für ein schnelles Mittag- oder Abendessen ist. Es lässt sich auch leicht an deine Vorlieben anpassen, indem du Zutaten wie Kapern, Oliven oder frische Kräuter hinzufügst. Guten Appetit!

THUNFISCH-SANDWICH

Zutaten:

1 Dose Thunfisch im eigenen Saft oder in Öl

2 Esslöffel Mayonnaise

1 kleiner roter Apfel, fein gewürfelt (optional)

1 Frühlingszwiebel, fein geschnitten

Salz und Pfeffer nach Geschmack

4 Scheiben Vollkorn- oder Weißbrot

einige Salatblätter

1 reife Tomate, in Scheiben geschnitten

optional: ein paar Gurkenscheiben

1. Lass den Thunfisch abtropfen und zerdrücke ihn in einer Schüssel. Mische ihn mit Mayonnaise, gewürfeltem Apfel und Frühlingszwiebeln. Würze die Mischung mit Salz und Pfeffer.
2. Toaste das Brot, falls gewünscht. Lege auf zwei Brotscheiben jeweils einige Salatblätter, gefolgt von einer Schicht Thunfischsalat. Füge Tomaten- und optional Gurkenscheiben hinzu.
3. Bedecke die Füllung mit den restlichen Brotscheiben und serviere die Sandwiches.

Dieses Thunfisch-Sandwich ist ein Klassiker und ideal für ein schnelles Mittagessen. Es ist einfach zuzubereiten, nahrhaft und kann leicht für unterwegs verpackt werden. Der Thunfisch liefert wertvolle Proteine und Omega-3-Fettsäuren, während Vollkornbrot für zusätzliche Ballaststoffe sorgt.

VEGANE BUDDHA-BOWL

Zutaten:

200 g Quinoa oder brauner Reis

1 Dose Kichererbsen, abgespült und abgetropft

1 Avocado, in Scheiben geschnitten

1 rote Paprika, in Streifen geschnitten

1 kleine Gurke, in Scheiben geschnitten

1 kleine rote Zwiebel, fein gehackt

1 Handvoll frischer Spinat oder Grünkohl

1 Karotte, gerieben oder in Streifen geschnitten

Sesamsamen zum Garnieren

Salz und Pfeffer

Olivenöl

Zutaten für das Dressing:

3 Esslöffel Tahini (Sesampaste)

1 Esslöffel Ahornsirup oder Agavendicksaft

Saft von 1 Zitrone

Salz und Pfeffer

Wasser nach Bedarf, um die Konsistenz anzupassen

1. Koche Quinoa oder Reis nach Packungsanweisung und stelle ihn beiseite.
2. Brate die Kichererbsen in einer Pfanne mit etwas Olivenöl, Salz und Pfeffer an, bis sie leicht knusprig sind.
3. Mische für das Dressing Tahini, Ahornsirup, Zitronensaft, Salz und Pfeffer in einer kleinen Schüssel. Füge Wasser hinzu, bis die gewünschte Konsistenz erreicht ist.
4. Bereite eine große Schüssel oder vier kleinere Schüsseln vor. Gib die gekochten Quinoa bzw. den Reis als Basis in die Schüsseln.
5. Richte die Kichererbsen, Avocado, Paprika, Gurke, rote Zwiebel, Spinat/Grünkohl und Karotte auf dem Quinoa/Reis an.
6. Träufle das Dressing über die Buddha-Bowl und garniere sie mit Sesamsamen.
7. Schmecke die Bowl nach Belieben mit Salz und Pfeffer ab.

Diese vegane Buddha-Bowl ist nicht nur gesund und nahrhaft, sondern auch bunt und optisch ansprechend. Sie ist perfekt für ein ausgewogenes Mittag- oder Abendessen. Viel Spaß beim Zubereiten und Genießen!

VEGANE BURRITO-BOWL

Zutaten:

1 Tasse Reis

1 Dose schwarze Bohnen, abgespült und abgetropft

1 Dose Mais, abgespült und abgetropft

1 rote Paprika, in Streifen geschnitten

1 Avocado, gewürfelt

1 kleine rote Zwiebel, fein gehackt

frischer Limettensaft

1 Teelöffel Kreuzkümmel

Salz und Pfeffer nach Geschmack

frischer Koriander, gehackt

optional: Salsa, Guacamole oder vegane saure Sahne

1. Koche den Reis nach Packungsanleitung. Wenn er fertig ist, würze ihn mit etwas Salz, Pfeffer und Kreuzkümmel.
2. Erwärme die schwarzen Bohnen und den Mais in separaten Töpfen oder in der Mikrowelle.
3. Teile den gekochten Reis auf Schüsseln auf. Füge die erwärmten schwarzen Bohnen und den Mais hinzu. Belege jede Bowl mit roter Paprika, Avocado und roter Zwiebel.
4. Träufle frischen Limettensaft über jede Bowl und würze mit Salz und Pfeffer. Bestreue sie mit frischem Koriander.
5. Serviere die Burrito-Bowl mit Salsa, Guacamole oder veganer saurer Sahne, wenn gewünscht.
6. Genieße die vegane Burrito-Bowl sofort.

Diese Burrito-Bowl ist nicht nur schnell und einfach zuzubereiten, sondern auch vielseitig und gesund. Sie ist perfekt für ein leichtes und sättigendes Abendessen und lässt sich an individuelle Vorlieben anpassen.

VEGANE GEMÜSE-BOWL MIT QUINOA

Zutaten:

1 Tasse Quinoa

2 Tassen Gemüsebrühe oder Wasser

1 kleine Süßkartoffel, in Würfel geschnitten

1 rote Paprika, in Streifen geschnitten

1 Zucchini, in Halbmonde geschnitten

1 Handvoll grüne Bohnen, halbiert

1 Avocado, in Scheiben geschnitten

1 Esslöffel Olivenöl

Salz und Pfeffer nach Geschmack

optional: Sesamsamen, frische Kräuter, Zitronensaft oder ein Dressing nach Wahl

1. Spüle die Quinoa unter fließendem Wasser ab und koche sie in der Gemüsebrühe oder Wasser, bis sie weich und die Flüssigkeit vollständig aufgenommen ist (etwa 15–20 Minuten).

2. Heize den Ofen auf 200 °C vor. Lege die Süßkartoffelwürfel, Paprikastreifen, Zucchinischeiben und grüne Bohnen auf ein Backblech. Träufle Olivenöl darüber und würze mit Salz und Pfeffer. Backe das Gemüse etwa 20–25 Minuten, bis es weich und leicht gebräunt ist.

3. Verteile die gekochte Quinoa auf Schüsseln. Füge das gebackene Gemüse und die Avocadoscheiben hinzu.

4. Bestreue die Bowl optional mit Sesamsamen, frischen Kräutern oder einem Dressing nach Wahl.

Diese vegane Gemüse-Bowl ist nicht nur gesund und nährstoffreich, sondern auch sehr vielseitig. Du kannst sie mit deinen Lieblingsgemüsesorten und -zutaten anpassen und nach Belieben würzen.

VEGANE LINSEN-TACOS

Zutaten:

1 Tasse rote Linsen

2 Tassen Gemüsebrühe

1 Zwiebel, fein gewürfelt

2 Knoblauchzehen, fein gehackt

1 Teelöffel Kreuzkümmel

1 Teelöffel Paprikapulver

Salz und Pfeffer nach Geschmack

6–8 kleine Mais- oder Weizentortillas

1 Avocado, gewürfelt

1 kleine Tomate, gewürfelt

frischer Koriander, gehackt

Limettensaft

optional: Salsa oder vegane saure Sahne

1. Koche die roten Linsen in der Gemüsebrühe, bis sie weich sind (etwa 15–20 Minuten). Achte darauf, dass sie nicht zu matschig werden.
2. In einer Pfanne etwas Öl erhitzen, Zwiebel und Knoblauch darin anbraten, bis sie weich sind. Füge Kreuzkümmel und Paprikapulver hinzu und rühre um.
3. Gib die gekochten Linsen in die Pfanne und rühre alles gut um. Würze mit Salz und Pfeffer und lass die Mischung einige Minuten köcheln, damit die Aromen sich entfalten.
4. Erwärme die Tortillas in einer Pfanne oder im Ofen.
5. Fülle die Tortillas mit der Linsen-Mischung. Füge Avocado, Tomate und frischen Koriander hinzu. Beträufle alles mit Limettensaft und füge nach Belieben Salsa oder vegane saure Sahne hinzu.
6. Sofort servieren und genießen.

Dieses Rezept ist eine tolle vegane Alternative zu traditionellen Tacos. Es ist nicht nur gesund und nahrhaft, sondern auch vielseitig und einfach zuzubereiten.

VEGANE LINSENSUPPE

Zutaten:

1 Tasse grüne oder braune Linsen, gespült

1 große Zwiebel, gewürfelt

2 Karotten, gewürfelt

2 Stangen Sellerie, gewürfelt

3 Knoblauchzehen, fein gehackt

1 Dose gehackte Tomaten (400 g)

1 Liter Gemüsebrühe

2 Teelöffel Kreuzkümmel

1 Teelöffel gemahlener Koriander

1/2 Teelöffel Paprikapulver

Salz und Pfeffer nach Geschmack

2 Esslöffel Olivenöl

frischer Zitronensaft (optional)

frische Petersilie oder Koriander zum Garnieren

1. Erhitze das Olivenöl in einem großen Topf bei mittlerer Hitze. Füge die Zwiebeln hinzu und brate sie, bis sie weich und durchsichtig sind.

2. Füge Karotten, Sellerie und Knoblauch hinzu. Brate alles weitere 5 Minuten lang.

3. Gib nun die Linsen, die gehackten Tomaten, die Gemüsebrühe, Kreuzkümmel, gemahlenen Koriander, Paprikapulver, Salz und Pfeffer dazu. Rühre alles gut um.

4. Lass die Suppe zum Kochen kommen, reduziere dann die Hitze und lass sie bei niedriger Hitze 30–40 Minuten köcheln, bis die Linsen weich sind. Rühre gelegentlich um.

5. Schmecke die Suppe ab und passe bei Bedarf die Gewürze an. Für einen frischen Geschmack kannst du etwas Zitronensaft hinzufügen.

6. Serviere die Linsensuppe heiß und garniere sie mit frischer Petersilie oder Koriander.

Diese vegane Linsensuppe ist nicht nur herzhaft und wärmend, sondern auch reich an Proteinen und Ballaststoffen. Sie ist perfekt für kalte Tage oder als nahrhaftes, sättigendes Essen. Guten Appetit!

VEGANE PIZZA

Zutaten für den Teig:
250 g Weizenmehl
(Typ 550)
1/2 Teelöffel Salz
1/2 Teelöffel Zucker
1 Teelöffel Trockenhefe
150 ml warmes Wasser
1 Esslöffel Olivenöl

Zutaten für den Belag:
200 ml passierte Tomaten
oder Pizzasoße
1 Teelöffel getrockneter
Oregano
1 Teelöffel getrocknetes
Basilikum
1 Knoblauchzehe, fein gehackt
1 kleine Zucchini, in dünne
Scheiben geschnitten
1 rote Paprika, in Streifen
geschnitten
1 kleine rote Zwiebel, in
Ringe geschnitten
200 g Champignons, in
Scheiben geschnitten
frischer Spinat oder Rucola
Salz und Pfeffer
Olivenöl
vegane Käsealternative
nach Wahl (optional)

1. Für den Teig Mehl, Salz, Zucker und Trockenhefe in einer Schüssel mischen. Warmes Wasser und Olivenöl hinzufügen und zu einem glatten Teig kneten. Den Teig abdecken und an einem warmen Ort etwa 30 Minuten gehen lassen, bis er sich in der Größe verdoppelt hat.
2. Heize den Ofen auf 220 °C vor. Rolle den Teig auf einer bemehlten Oberfläche aus, bis er die gewünschte Dicke und Form erreicht hat.
3. Lege den ausgerollten Teig auf ein mit Backpapier belegtes Backblech.
4. Mische die passierten Tomaten mit Oregano, Basilikum und gehacktem Knoblauch. Verstreiche die Soße gleichmäßig auf dem Teig.
5. Belege die Pizza mit Zucchinischeiben, Paprikastreifen, Zwiebelringen und Champignons. Würze mit Salz und Pfeffer.
6. Träufle etwas Olivenöl über den Belag und füge bei Bedarf vegane Käsealternative hinzu.
7. Backe die Pizza im vorgeheizten Ofen für etwa 15–20 Minuten, bis der Rand goldbraun und knusprig ist.
8. Nach dem Backen kannst du frischen Spinat oder Rucola auf die Pizza geben.

Diese vegane Pizza ist nicht nur einfach zuzubereiten, sondern auch unglaublich lecker und anpassbar. Du kannst die Beläge je nach Geschmack und Verfügbarkeit variieren. Guten Appetit!

VEGANER KÜRBISEINTOPF

Zutaten:

1 mittelgroßer Hokkaido-Kürbis, gewürfelt (etwa 800 g)

1 große Zwiebel, gewürfelt

2–3 Knoblauchzehen, fein gehackt

2 Karotten, gewürfelt

2 Stangen Sellerie, gewürfelt

1 Dose Kokosmilch (400 ml)

1 Liter Gemüsebrühe

2 Teelöffel Currypulver

1 Teelöffel Kreuzkümmel

1/2 Teelöffel Paprikapulver

1 Prise Cayennepfeffer (optional)

Salz und Pfeffer nach Geschmack

2 Esslöffel Olivenöl

frischer Koriander oder Petersilie zum Garnieren

1. Erhitze das Olivenöl in einem großen Topf bei mittlerer Hitze. Füge die Zwiebeln hinzu und brate sie, bis sie weich und durchsichtig sind.
2. Füge Knoblauch, Karotten und Sellerie hinzu. Brate alles weitere 3–4 Minuten.
3. Gib nun die Kürbiswürfel dazu und brate sie einige Minuten mit.
4. Streue das Currypulver, den Kreuzkümmel, das Paprikapulver und den Cayennepfeffer über das Gemüse und rühre um, sodass alles gut vermischt wird und die Gewürze freigesetzt werden.
5. Gieße die Gemüsebrühe und die Kokosmilch hinzu. Bringe den Eintopf zum Kochen und reduziere dann die Hitze, sodass er leicht köchelt.
6. Lasse den Eintopf 20–25 Minuten köcheln, bis der Kürbis weich und die Aromen gut vermischt sind. Rühre gelegentlich um.
7. Verwende einen Stabmixer oder gieße den Eintopf vorsichtig in einen Standmixer, um ihn zu einer glatten Konsistenz zu pürieren. Du kannst auch einige Stücke für eine texturiertere Suppe ganz lassen, falls gewünscht.

8. Schmecke den Eintopf ab und füge bei Bedarf mehr Salz, Pfeffer oder Gewürze hinzu.

9. Lass den Eintopf noch einige Minuten köcheln, damit die Aromen sich gut verbinden.

10. Serviere den veganen Kürbiseintopf heiß und garniere ihn mit frischem Koriander oder Petersilie.

Dieser wärmende und sättigende Kürbiseintopf ist perfekt für kalte Tage. Die Kombination aus cremigem Kürbis, Kokosmilch und aromatischen Gewürzen bietet ein köstliches und zugleich nahrhaftes Gericht. Guten Appetit!

VEGANER SHEPHERD'S PIE

Zutaten für die Füllung:
1 Zwiebel, gewürfelt
2 Karotten, gewürfelt
2 Stangen Sellerie, gewürfelt
3 Knoblauchzehen, fein gehackt
200 g Champignons, gehackt
1 Dose Linsen (etwa 400 g), abgespült und abgetropft
2 Esslöffel Tomatenmark
1 Teelöffel getrockneter Thymian
1 Teelöffel getrockneter Rosmarin
500 ml Gemüsebrühe
2 Esslöffel Sojasoße
Salz und Pfeffer nach Geschmack
Olivenöl

Zutaten für das Kartoffelpüree:
1 kg Kartoffeln, geschält und in Stücke geschnitten
3–4 Esslöffel vegane Butter oder Margarine
120 ml Pflanzenmilch (z. B. Mandel-, Soja- oder Hafermilch)
Salz und Pfeffer nach Geschmack

1. Für das Kartoffelpüree die Kartoffeln in einem großen Topf mit gesalzenem Wasser zum Kochen bringen. Koche sie, bis sie weich sind (etwa 15–20 Minuten). Gieße sie ab und zerstampfe sie mit der veganen Butter und der Pflanzenmilch. Schmecke mit Salz und Pfeffer ab. Stelle das Püree beiseite.
2. Für die Füllung erhitzt du etwas Olivenöl in einer großen Pfanne. Füge Zwiebeln, Karotten, Sellerie und Knoblauch hinzu und brate sie, bis sie weich sind.
3. Füge die Champignons hinzu und koche weiter, bis sie ihre Flüssigkeit verlieren und anfangen zu bräunen.
4. Gib das Tomatenmark, Thymian, Rosmarin, die Linsen, Gemüsebrühe und Sojasoße hinzu. Lasse die Mischung köcheln, bis sie eindickt, etwa 10 Minuten. Schmecke mit Salz und Pfeffer ab.
5. Heize den Ofen auf 200 °C vor.
6. Gib die Linsen-Gemüse-Mischung in eine Auflaufform und verteile das Kartoffelpüree gleichmäßig darüber.
7. Backe den Shepherd's Pie für etwa 20–30 Minuten im Ofen, bis die Oberfläche goldbraun und knusprig ist.
8. Lass den veganen Shepherd's Pie vor dem Servieren ein paar Minuten abkühlen.

Dieser herzhafte vegane Shepherd's Pie kombiniert eine reichhaltige, würzige Linsen-Gemüse-Füllung mit einem cremigen Kartoffelpüree. Er ist nicht nur ein wärmendes Komfortgericht, sondern auch nahrhaft und perfekt für gemütliche Abende. Guten Appetit!

VEGANES KICHERERBSEN-CURRY MIT REIS

Zutaten:

1 Tasse Basmatireis

2 Tassen Wasser

1 Dose Kichererbsen (ca. 400 g), abgespült und abgetropft

1 große Zwiebel, fein gewürfelt

2 Knoblauchzehen, fein gehackt

1 Stück Ingwer (ca. 2 cm), fein gerieben

1 Dose Kokosmilch (ca. 400 ml)

2 Esslöffel Currypulver

1 Teelöffel Kurkuma

1 rote Paprika, in Würfel geschnitten

1 kleine Dose stückige Tomaten (ca. 200 g)

Salz und Pfeffer nach Geschmack

frischer Koriander zum Garnieren

optional: Spinat oder anderes Blattgemüse

1. Koche den Basmatireis nach Packungsanleitung in Wasser, bis er weich und fluffig ist.
2. In einem großen Topf oder einer Pfanne die Zwiebeln, Knoblauch und Ingwer in etwas Öl anbraten, bis die Zwiebeln glasig sind. Füge Currypulver und Kurkuma hinzu und röste sie kurz mit an.
3. Gib die Kichererbsen, rote Paprika und stückige Tomaten in den Topf. Rühre alles gut um und lass es ein paar Minuten köcheln.
4. Füge die Kokosmilch hinzu und lass das Curry bei niedriger Hitze etwa 10 Minuten köcheln. Schmecke mit Salz und Pfeffer ab. Optional kannst du in den letzten Minuten Spinat oder ein anderes Blattgemüse hinzufügen.
5. Serviere das Kichererbsen-Curry über dem gekochten Reis und garniere es mit frischem Koriander.

Dieses vegane Kichererbsen-Curry ist reich an Geschmack und bietet eine schöne Kombination aus Protein und Gemüse. Es ist ein sättigendes, nahrhaftes Gericht, das sich auch gut für Meal-Prep eignet.

VOLLKORN-WRAPS MIT HÜHNCHEN UND GEMÜSE

Zutaten:

2 Vollkorn-Wraps

2 kleine Hühnerbrustfilets

Salz und Pfeffer

1 Teelöffel Olivenöl

1 kleine reife Avocado, zerdrückt

1/2 rote Paprika, in Streifen geschnitten

1 kleine Karotte, geraspelt

ein paar Blätter frischer Salat

optional: ein paar Scheiben Käse oder ein Löffel Naturjoghurt

1. Würze die Hühnerbrustfilets mit Salz und Pfeffer. Erhitze das Olivenöl in einer Pfanne und brate die Hühnerbrustfilets beidseitig an, bis sie durchgegart sind (etwa 5–7 Minuten pro Seite). Lasse sie etwas abkühlen und schneide sie dann in Streifen.
2. Erwärme die Vollkorn-Wraps kurz in der Mikrowelle oder einer trockenen Pfanne, um sie geschmeidig zu machen.
3. Bestreiche jeden Wrap mit der zerdrückten Avocado. Verteile darauf die Hühnerstreifen, Paprikastreifen, geraspelte Karotte und Salatblätter. Optional kannst du auch Käse oder einen Löffel Naturjoghurt hinzufügen.
4. Rolle die Wraps fest ein, sodass alle Zutaten gut eingeschlossen sind.
5. Schneide die Wraps in der Mitte durch und serviere sie.

Dieses Rezept ist ideal, da es einfach zuzubereiten ist und viel Spielraum für Variationen bietet. Es kombiniert hochwertige Proteine aus dem Hühnchen mit den gesunden Fetten der Avocado und den Vitaminen und Mineralien aus dem frischen Gemüse. Zudem sind Vollkorn-Wraps eine gute Quelle für Ballaststoffe.

NACHSPEISEN

APFEL-CRUMBLE

Zutaten für die Apfelfüllung:

6 große Äpfel (z. B. Boskop oder Elstar), geschält, entkernt und in Stücke geschnitten

100 g Zucker

1 Teelöffel gemahlener Zimt

1/4 Teelöffel gemahlene Muskatnuss

2 Esslöffel Mehl

1 Esslöffel Zitronensaft

Zutaten für den Crumble:

200 g Mehl

120 g kalte Butter, in Würfel geschnitten

150 g brauner Zucker

1/2 Teelöffel Salz

optional: eine Handvoll Haferflocken oder gehackte Nüsse für zusätzliche Textur

1. Heize den Ofen auf 190 °C vor. Fette eine Auflaufform leicht ein.
2. In einer großen Schüssel die Apfelstücke mit Zucker, Zimt, Muskatnuss, Mehl und Zitronensaft vermischen. Anschließend die Mischung in die Auflaufform geben.
3. In einer separaten Schüssel das Mehl, den braunen Zucker und das Salz vermengen. Füge die kalte Butter hinzu und verwende deine Finger, um die Butter in die trockenen Zutaten einzuarbeiten, bis die Mischung krümelig wird. Falls gewünscht, kannst du jetzt Haferflocken oder Nüsse hinzufügen.
4. Streue die Crumble-Mischung gleichmäßig über die Apfelfüllung.
5. Backe den Apfel-Crumble im vorgeheizten Ofen für etwa 30–40 Minuten oder bis die Kruste goldbraun und die Äpfel weich sind.
6. Lasse den Crumble etwas abkühlen. Er kann warm oder bei Raumtemperatur serviert werden, idealerweise mit einer Kugel Vanilleeis oder einem Klecks Sahne.

Dieses einfache und doch köstliche Dessert ist perfekt für kühle Abende und ein wunderbarer Weg, Äpfel zu verwenden. Genieße deinen selbst gemachten Apfel-Crumble!

CHURROS MIT SCHOKOLADENSOßE

Zutaten für die Churros:

1 Tasse Wasser

1/2 Tasse ungesalzene Butter

1/4 Teelöffel Salz

1 Tasse Mehl

3 Eier

Pflanzenöl zum Frittieren

Zucker und gemahlener Zimt zum Wälzen

Zutaten für die Schokoladensoße:

100 g dunkle Schokolade, gehackt

1/2 Tasse Sahne

2 Esslöffel Zucker

1/2 Teelöffel Vanilleextrakt

1. In einem mittelgroßen Topf Wasser, Butter und Salz zum Kochen bringen. Reduziere die Hitze und rühre das Mehl ein, bis sich ein glatter Teig bildet und sich vom Topfboden löst. Nimm den Topf vom Herd und lass den Teig etwas abkühlen. Schlage dann die Eier einzeln ein, bis sie vollständig eingearbeitet sind.
2. Erhitze das Pflanzenöl in einer tiefen Pfanne oder einer Fritteuse auf etwa 175 °C.
3. Fülle den Teig in einen Spritzbeutel mit einem sternförmigen Aufsatz. Drücke den Teig in das heiße Öl und schneide ihn in etwa 10 cm lange Stücke. Frittiere die Churros, bis sie goldbraun sind, und drehe sie dabei gelegentlich. Nimm sie mit einer Schaumkelle aus dem Öl und lasse sie auf Küchenpapier abtropfen.
4. Vermische Zucker und Zimt in einer Schüssel. Wälze die warmen Churros in der Zimtzucker-Mischung.
5. In einem kleinen Topf Sahne und Zucker erwärmen, bis der Zucker sich auflöst. Gib die Schokolade hinzu und rühre, bis sie vollständig geschmolzen ist. Füge die Vanille hinzu und rühre um.
6. Serviere die warmen Churros mit der Schokoladensoße zum Eintunken.

Genieße deine selbst gemachten Churros, die außen knusprig und innen weich sind, mit der reichhaltigen, geschmeidigen Schokoladensoße – ein wahrer Genuss!

CUPCAKES

Zutaten für die Cupcakes:

150 g Mehl

120 g Zucker

125 g weiche Butter

2 große Eier

2 Teelöffel Backpulver

1/4 Teelöffel Salz

60 ml Milch

1 Teelöffel Vanilleextrakt

Zutaten für das Frosting:

150 g weiche Butter

300 g Puderzucker, gesiebt

1–2 Esslöffel Milch

1/2 Teelöffel Vanilleextrakt

Lebensmittelfarbe nach Wahl (optional)

1. Heize deinen Ofen auf 180 °C vor und lege ein Muffinblech mit Papierförmchen aus.
2. Schlage die Butter und den Zucker in einer Schüssel cremig. Füge die Eier einzeln hinzu, schlage nach jedem Ei gut durch. Mische Mehl, Backpulver und Salz in einer separaten Schüssel. Gib diese trockenen Zutaten abwechselnd mit der Milch zu der Butter-Zucker-Mischung. Füge zuletzt den Vanilleextrakt hinzu und mische, bis ein glatter Teig entsteht.
3. Verteile den Teig gleichmäßig auf die Papierförmchen (etwa bis zur Hälfte füllen). Backe die Cupcakes für 15–20 Minuten im Ofen, bis sie goldbraun sind und ein Zahnstocher sauber herauskommt. Lass sie danach vollständig abkühlen.
4. Für das Frosting schlage die weiche Butter glatt. Füge nach und nach den Puderzucker hinzu und schlage weiter, bis die Mischung leicht und fluffig ist. Gib Milch und Vanilleextrakt dazu, um die gewünschte Konsistenz zu erreichen. Falls gewünscht, kannst du jetzt auch Lebensmittelfarbe hinzufügen.
5. Sobald die Cupcakes vollständig abgekühlt sind, kannst du sie mit dem Frosting dekorieren. Benutze dafür einen Spritzbeutel oder einfach einen Löffel.
6. Deine Cupcakes sind jetzt bereit, serviert und genossen zu werden!

Dieses Grundrezept für Cupcakes ist vielseitig und kann leicht an deinen Geschmack angepasst werden, indem du verschiedene Aromen oder Toppings hinzufügst. Viel Spaß beim Backen und Genießen!

ERDBEER-SHORTCAKE

Zutaten für den Shortcake:

2 Tassen Mehl

1/4 Tasse Zucker

1 Esslöffel Backpulver

1/2 Teelöffel Salz

1/2 Tasse kalte Butter, gewürfelt

2/3 Tasse Milch oder Sahne

Zutaten für die Füllung:

2 Tassen frische Erdbeeren, gewaschen, entstielt und halbiert

2–3 Esslöffel Zucker (oder nach Geschmack)

1 Tasse Schlagsahne

1/2 Teelöffel Vanilleextrakt

1. Heize den Ofen auf 200 °C vor. Vermische in einer großen Schüssel Mehl, Zucker, Backpulver und Salz. Füge die kalte Butter hinzu und arbeite sie mit den Fingerspitzen in die trockenen Zutaten, bis die Mischung krümelig wird. Rühre Milch oder Sahne ein, bis ein weicher Teig entsteht.

2. Rolle den Teig auf einer leicht bemehlten Oberfläche aus und schneide mit einem runden Ausstecher oder Glas Shortcakes aus.

3. Lege die Shortcakes auf ein Backblech und backe sie für 15–20 Minuten, bis sie goldbraun sind. Lass sie nach dem Backen abkühlen.

4. In einer Schüssel die Erdbeeren mit Zucker mischen. Lass sie etwa 30 Minuten stehen, bis sie Saft abgeben.

5. Schlage die Schlagsahne mit dem Vanilleextrakt, bis sie steife Spitzen bildet.

6. Schneide die abgekühlten Shortcakes horizontal durch. Fülle die untere Hälfte mit einer Schicht Erdbeeren, füge einen Klecks Schlagsahne hinzu und setze die obere Hälfte des Shortcakes darauf.

7. Garniere die Shortcakes mit weiteren Erdbeeren und Schlagsahne nach Belieben.

Dieses Erdbeer-Shortcake-Rezept ist einfach, aber unglaublich lecker und perfekt für sommerliche Nachmittage. Du kannst es auch mit anderen frischen Früchten wie Blaubeeren oder Pfirsichen variieren. Guten Appetit!

FRUCHTIGE TARTELETTES

Zutaten für den Teig:

200 g Mehl

100 g kalte Butter, in Würfel geschnitten

50 g Zucker

1 Eigelb

1–2 Esslöffel kaltes Wasser

Zutaten für die Füllung:

250 ml Sahne

2–3 Esslöffel Puderzucker

1 Teelöffel Vanilleextrakt

Zutaten für den Belag:

frische Früchte nach Wahl (z. B. Erdbeeren, Blaubeeren, Himbeeren, Kiwi)

Zutaten für die Glasur:

3 Esslöffel Aprikosenmarmelade oder Gelee

1 Esslöffel Wasser

1. Vermische Mehl und Zucker in einer Schüssel. Füge die Butter hinzu und arbeite sie mit den Fingerspitzen in das Mehl, bis die Mischung krümelig wird. Füge das Eigelb und genügend Wasser hinzu, um einen glatten Teig zu bilden. Forme den Teig zu einer Kugel, wickle ihn in Frischhaltefolie und kühle ihn für mindestens 30 Minuten.
2. Heize den Ofen auf 180 °C vor. Rolle den Teig aus und lege damit kleine Tartelette-Formen aus. Backe die Teigböden für 10–15 Minuten, bis sie goldbraun sind. Lass sie danach vollständig abkühlen.
3. Schlage die Sahne mit dem Puderzucker und Vanilleextrakt steif.
4. Verteile die geschlagene Sahne auf den abgekühlten Teigböden. Belege die Tartelettes gleichmäßig mit frischen Früchten.
5. Erwärme die Aprikosenmarmelade mit dem Wasser in einem kleinen Topf oder in der Mikrowelle, bis sie flüssig wird. Streiche die Glasur vorsichtig über die Früchte, um ihnen Glanz zu verleihen.
6. Die Tartelettes sind jetzt fertig zum Servieren! Sie sind am besten frisch, können aber auch einige Stunden im Kühlschrank aufbewahrt werden.

Diese fruchtigen Tartelettes sind nicht nur ein optischer Hingucker, sondern auch ein köstlicher Genuss, der bei jeder Gelegenheit gut ankommt. Du kannst die Früchte je nach Saison und Vorliebe variieren. Guten Appetit!

HAUSGEMACHTES EIS OHNE EISMASCHINE

Zutaten:

2 Tassen Schlagsahne

1 Dose (400 ml) gesüßte Kondensmilch

1 Teelöffel Vanilleextrakt

1. Schlage die Schlagsahne in einer großen Schüssel mit einem Handmixer oder einer Küchenmaschine, bis steife Spitzen entstehen.

2. Füge die gesüßte Kondensmilch und den Vanilleextrakt hinzu. Falte sie vorsichtig mit einem Spatel in die geschlagene Sahne ein, um so viel Luft wie möglich in der Mischung zu behalten.

3. Gieße die Mischung in einen luftdichten Behälter. Decke die Oberfläche des Eises direkt mit Plastikfolie ab, um Eiskristallbildung zu vermeiden.

4. Friere das Eis für mindestens 6 Stunden oder über Nacht ein, bis es fest ist.

5. Nimm das Eis etwa 5–10 Minuten vor dem Servieren aus dem Gefrierschrank, um es etwas weicher werden zu lassen.

Variationen

Schokoladeneis: Mische 1/2 Tasse Kakaopulver in die Kondensmilch, bevor du sie mit der Sahne vermischt.

Fruchteis: Füge pürierte Früchte wie Erdbeeren oder Mangos zur Mischung hinzu.

Kekseis: Zerkrümle deine Lieblingskekse und mische sie in die Eisbasis.

Dieses Rezept ist sehr einfach und kann leicht an deinen Geschmack angepasst werden. Es ist eine großartige Möglichkeit, ohne Eismaschine köstliches Eis zu Hause herzustellen.

MOUSSE AU CHOCOLAT

Zutaten:

200 g dunkle Schokolade, vorzugsweise mit hohem Kakaoanteil

3 große Eier, getrennt

1/4 Tasse Zucker

1 Tasse Schlagsahne

optional: ein Esslöffel Orangenlikör oder ein anderes Aroma nach Wahl

zum Garnieren: Schlagsahne, Schokoladenspäne oder frische Beeren

1. Brich die Schokolade in kleine Stücke und schmelze sie in einer hitzebeständigen Schüssel über einem Topf mit siedendem Wasser (Wasserbad). Rühre gelegentlich, bis die Schokolade geschmolzen und glatt ist. Lass sie ein wenig abkühlen.
2. Schlage in einer separaten Schüssel die Eigelbe und den Zucker zusammen, bis die Mischung dick und blassgelb wird. Wenn du möchtest, kannst du hier den Likör oder ein anderes Aroma hinzufügen.
3. Rühre die geschmolzene Schokolade vorsichtig unter die Eigelbmischung.
4. In einer weiteren sauberen Schüssel schlage das Eiweiß, bis es feste Spitzen bildet.
5. Hebe das Eiweiß vorsichtig unter die Schokoladenmischung. Achte darauf, so viel Luft wie möglich in der Mischung zu behalten.
6. Schlage die Schlagsahne, bis sie weiche Spitzen bildet. Hebe auch die Sahne vorsichtig unter die Schokoladenmischung, bis alles gut vermischt ist.
7. Verteile die Mousse in einzelne Schalen oder eine große Schüssel. Decke sie ab und kühle sie mindestens 2 Stunden oder bis sie fest ist.
8. Garniere die Mousse au Chocolat vor dem Servieren mit Schlagsahne, Schokoladenspänen oder frischen Beeren.

Diese Mousse au Chocolat ist ein echter Klassiker und perfekt für besondere Anlässe oder wenn du dir einfach etwas Besonderes gönnen möchtest. Genieße dieses reichhaltige und cremige Dessert!

PANNACOTTA

Zutaten für die Pannacotta:

500 ml Sahne

100 ml Milch

75 g Zucker

2 Teelöffel Vanilleextrakt oder das Mark einer Vanilleschote

3 Blätter Gelatine

Zutaten für das Topping:

frische Beeren oder Fruchtsoße nach Wahl

optional: Minzblätter zur Dekoration

1. Weiche die Gelatineblätter in kaltem Wasser für etwa 5 Minuten ein, bis sie weich sind.
2. In einem Topf die Sahne, Milch, Zucker und Vanille bei mittlerer Hitze erhitzen. Rühre kontinuierlich, bis der Zucker sich vollständig aufgelöst hat und die Mischung kurz vor dem Kochen steht, dann vom Herd nehmen.
3. Drücke die Gelatineblätter vorsichtig aus und gib sie in die warme Sahne-Milch-Mischung. Rühre, bis die Gelatine vollständig aufgelöst ist.
4. Gieße die Mischung in Förmchen oder Gläser. Lass sie etwas abkühlen, bevor du sie für mindestens 4 Stunden (oder über Nacht) in den Kühlschrank stellst, bis die Pannacotta fest ist.
5. Zum Servieren kannst du die Pannacotta direkt in den Gläsern lassen oder, falls sie in Förmchen gegossen wurde, vorsichtig auf Dessertteller stürzen. Garniere sie mit frischen Beeren oder Fruchtsoße und optional mit Minzblättern.

Diese klassische Pannacotta ist cremig, sanft und wunderbar vielseitig. Du kannst das Topping je nach Saison und Vorliebe anpassen. Genieße dein selbst gemachtes Dessert!

SALTED-CARAMEL-BRETZEL-SHAKE

Zutaten:

2 Tassen Vanilleeis

1 Tasse Milch (kann auch durch eine Pflanzenmilchalternative ersetzt werden)

1/4 Tasse gesalzenes Karamell (Fertigprodukt oder selbst gemacht)

1/2 Tasse zerbröselte salzige Brezeln

Schlagsahne zum Garnieren

zusätzliche Brezelstücke und Karamellsauce zum Garnieren

1. Zerbreche einige salzige Brezeln in kleine Stücke. Einige davon werden in den Shake gemischt, andere dienen als Garnierung.
2. In einem Mixer das Vanilleeis, die Milch und das gesalzene Karamell hinzufügen. Mixe, bis die Mischung glatt und cremig ist.
3. Füge die zerbröselten Brezeln hinzu und gib ein paar kurze Impulse mit dem Mixer ab, um sie zu mischen, aber nicht vollständig zu zerkleinern. Wir wollen kleine Stückchen für die Textur im Shake behalten.
4. Bereite Gläser vor, indem du den Rand mit etwas Karamellsauce bestreichst und anschließend in zerbröselte Brezelstücke tauchst.
5. Gieße den Shake in die vorbereiteten Gläser. Garniere ihn mit Schlagsahne, einem Schuss Karamellsauce und einigen zusätzlichen Brezelstücken. Serviere den Shake sofort mit einem Papierstrohhalm und einem Löffel.

Dieser Shake kombiniert süße und salzige Aromen mit einer interessanten Textur und ist ein Hit bei allen, die etwas Neues und Aufregendes ausprobieren möchten!

SCHOKOLADEN-BROWNIES

Zutaten:

200 g Zartbitterschokolade

150 g Butter

1 Tasse Zucker

3 große Eier

1 Teelöffel Vanilleextrakt

3/4 Tasse Mehl

1/4 Tasse ungesüßtes Kakaopulver

1/2 Teelöffel Salz

optional: eine halbe Tasse gehackte Nüsse oder Schokoladenstückchen

1. Heize den Ofen auf 175 °C vor und lege eine quadratische Backform (etwa 20×20 cm) mit Backpapier aus.
2. Brich die Schokolade in Stücke und schneide die Butter in Würfel. Schmelze beides zusammen in einem Topf bei niedriger Hitze oder im Wasserbad, bis die Mischung glatt ist. Lass sie etwas abkühlen.
3. Schlage in einer Schüssel den Zucker, die Eier und den Vanilleextrakt zusammen, bis die Mischung hell und cremig ist. Rühre die geschmolzene Schokoladenmischung unter.
4. Siebe Mehl und Kakaopulver in die Schüssel und füge das Salz hinzu. Rühre alles vorsichtig um, bis es gerade so vermischt ist.
5. Wenn du möchtest, füge gehackte Nüsse oder zusätzliche Schokoladenstückchen hinzu.
6. Gieße den Teig in die vorbereitete Backform und glätte die Oberfläche.
7. Backe die Brownies für etwa 25–30 Minuten. Die Brownies sollten noch ein wenig weich in der Mitte sein.
8. Lasse die Brownies in der Form abkühlen, bevor du sie in Quadrate oder Rechtecke schneidest.
9. Die Brownies können warm oder bei Raumtemperatur serviert werden. Sie passen gut zu Eiscreme oder einer Tasse Milch.

Diese Schokoladen-Brownies sind schokoladig und beliebt. Sie sind einfach zuzubereiten und perfekt für besondere Anlässe oder als süßer Leckerbissen.

SCHOKOLADEN-LAVA-KUCHEN

Zutaten:

100 g Zartbitterschokolade

100 g Butter

2 große Eier

2 Eigelb

1/3 Tasse Zucker

1/2 Teelöffel Vanilleextrakt

1/4 Tasse Mehl

1 Prise Salz

1. Heize den Ofen auf 200 °C vor. Fette vier kleine Auflaufförmchen oder Ramequins mit Butter und bestäube sie leicht mit Mehl.
2. Zerbrich die Schokolade in Stücke und schneide die Butter in Würfel. Schmelze beides zusammen in einem Topf bei niedriger Hitze oder im Wasserbad, bis die Mischung glatt ist. Lass sie etwas abkühlen.
3. In einer Schüssel die Eier, die zusätzlichen Eigelbe, Zucker und Vanilleextrakt mit einem Handmixer schaumig schlagen, bis die Mischung hell und cremig ist.
4. Rühre die geschmolzene Schokoladenmischung vorsichtig unter die Eiermischung.
5. Siebe das Mehl und eine Prise Salz in die Mischung und hebe es vorsichtig unter, bis gerade so vermischt ist.
6. Verteile den Teig gleichmäßig auf die vorbereiteten Förmchen.
7. Backe die Kuchen für etwa 10–12 Minuten, bis die Ränder fest, aber die Mitte noch weich ist.
8. Lasse die Kuchen kurz in den Förmchen abkühlen, stürze sie dann vorsichtig auf Teller. Sie sollten außen fest und innen flüssig sein.
9. Serviere die Schokoladen-Lava-Kuchen sofort, idealerweise mit einer Kugel Vanilleeis oder etwas Schlagsahne.

Dieses Schokoladen-Lava-Kuchen-Rezept ist perfekt für Schokoladenliebhaber und ein beeindruckendes, aber überraschend einfaches Dessert für besondere Anlässe.

SCHOKOLADEN-MOUSSE-TORTE

Zutaten für den Tortenboden:

200 g zerkrümelte Schokoladenkekse

100 g geschmolzene Butter

Zutaten für die Schokoladen-Mousse:

300 g dunkle Schokolade, gehackt

3 große Eier

1/4 Tasse Zucker

1 Tasse Schlagsahne

Zutaten für die Garnierung:

Geschlagene Sahne

Schokoladenspäne oder Kakaopulver

1. Mische die zerkrümelten Schokoladenkekse mit der geschmolzenen Butter. Drücke die Mischung fest in den Boden einer Springform, um den Boden zu bilden. Kühle ihn, während du die Mousse vorbereitest.
2. Schmelze die dunkle Schokolade in einer Schüssel über einem Topf mit siedendem Wasser (Wasserbad). Lasse die geschmolzene Schokolade etwas abkühlen.
3. Schlage die Eier und den Zucker mit einem Mixer, bis die Mischung dick und blassgelb ist.
4. Füge die geschmolzene Schokolade vorsichtig zur Eiermischung hinzu und mische sie gleichmäßig.
5. In einer separaten Schüssel schlage die Schlagsahne, bis sie steife Spitzen bildet.
6. Hebe die geschlagene Sahne vorsichtig unter die Schokoladenmischung, bis alles gut vermischt ist.
7. Gieße die Schokoladen-Mousse über den vorbereiteten Tortenboden und glätte die Oberfläche.
8. Kühle die Torte für mindestens 4 Stunden oder über Nacht, bis die Mousse fest ist.
9. Vor dem Servieren garniere die Torte mit geschlagener Sahne und Schokoladenspänen oder Kakaopulver.

Diese Schokoladen-Mousse-Torte ist ein elegantes und reichhaltiges Dessert, das sich hervorragend für besondere Anlässe oder als beeindruckender Abschluss eines festlichen Essens eignet. Genieße jeden Bissen!

SÜßE POLENTA

Zutaten:

1 Tasse Polenta (feiner Maisgrieß)

4 Tassen Milch (kann teilweise durch Wasser ersetzt werden)

1/4 Tasse Zucker

1/4 Teelöffel Salz

1 Teelöffel Vanilleextrakt

optional: Schale einer Zitrone oder Orange für zusätzliches Aroma

zum Garnieren: frisches Obst, Beeren, Honig, Ahornsirup oder Nüsse

1. Gib die Milch (und Wasser, falls verwendet) in einen mittelgroßen Topf. Füge Zucker und Salz hinzu. Erhitze die Mischung bei mittlerer Hitze, bis sie kurz vor dem Kochen steht.
2. Reduziere die Hitze auf ein Minimum. Rühre langsam die Polenta ein und achte darauf, dass keine Klumpen entstehen. Füge optional Zitronen- oder Orangenschale für ein zusätzliches Aroma hinzu.
3. Lasse die Polenta unter regelmäßigem Rühren etwa 15–20 Minuten köcheln, bis sie eingedickt ist und eine cremige Konsistenz hat.
4. Nimm den Topf vom Herd und rühre den Vanilleextrakt ein.
5. Serviere die süße Polenta warm in Schüsseln. Garniere sie mit deinen Lieblingszutaten wie frischem Obst, Beeren, Honig, Ahornsirup oder gehackten Nüssen.
6. Falls etwas übrig bleibt, kann die Polenta nach dem Abkühlen im Kühlschrank aufbewahrt werden. Sie wird beim Abkühlen fester und kann dann in Scheiben geschnitten und gebraten oder gegrillt werden.

Süße Polenta ist ein vielseitiges Gericht, das den verwendeten Toppings und Aromen angepasst werden kann. Es ist eine köstliche Alternative zu herkömmlichen Frühstücksbreien oder Desserts.

TIRAMISU

Zutaten für die Creme:

3 große Eigelb

1/4 Tasse Zucker

1 Tasse Mascarpone

1 Tasse Schlagsahne

Zutaten für die Schichten:

1,5 Tassen starker, kalter Espresso oder starker Kaffee

24–30 Löffelbiskuits

Kakaopulver zum Bestäuben

1. Schlage die Eigelbe mit dem Zucker in einer Schüssel, bis die Mischung dick und blassgelb ist.
2. Füge den Mascarpone hinzu und schlage weiter, bis die Mischung glatt ist.
3. In einer separaten Schüssel schlage die Schlagsahne, bis sie steife Spitzen bildet.
4. Hebe die geschlagene Sahne vorsichtig unter die Mascarpone-Mischung, bis alles gut vermischt ist.
5. Gieße den kalten Espresso oder Kaffee in eine flache Schale.
6. Tauche die Löffelbiskuits kurz in den Kaffee und lege eine Schicht in eine rechteckige Form (etwa 20×30 cm).
7. Verteile die Hälfte der Mascarpone-Creme gleichmäßig über den Löffelbiskuits.
8. Wiederhole den Vorgang mit einer weiteren Schicht eingetauchter Löffelbiskuits und der restlichen Mascarpone-Creme.
9. Decke das Tiramisu ab und kühle es für mindestens 4 Stunden, am besten über Nacht, damit die Aromen sich entfalten können.
10. Vor dem Servieren das Tiramisu mit Kakaopulver bestäuben.

Dieses Tiramisu ist eine köstliche Nachspeise, die den klassischen Geschmack des italienischen Desserts einfängt. Es ist perfekt für alle Altersgruppen und Anlässe. Guten Appetit!

SNACKS

ENERGY BALLS

Zutaten:

1 Tasse Haferflocken

1/2 Tasse Erdnussbutter oder eine andere Nussbutter

1/3 Tasse Honig oder Ahornsirup (für eine vegane Variante)

1/2 Tasse gemahlene Leinsamen oder Chiasamen

1/2 Tasse Schokoladenchips oder gehackte Nüsse

1 Teelöffel Vanilleextrakt

1 Prise Salz

optional: Zusätze wie Kokosraspeln, Rosinen, getrocknete Cranberrys oder gehackte Datteln

1. In einer großen Schüssel Haferflocken, Erdnussbutter, Honig oder Ahornsirup, gemahlene Leinsamen oder Chiasamen, Schokoladenchips, Vanilleextrakt und eine Prise Salz gut vermischen. Füge bei Bedarf weitere Zutaten wie Kokosraspeln oder getrocknete Früchte hinzu.

2. Stelle die Schüssel für etwa 30 Minuten in den Kühlschrank, damit die Mischung fester wird und sich leichter formen lässt.

3. Nimm kleine Portionen der Mischung und rolle sie mit den Händen zu Bällchen. Wenn die Mischung zu klebrig ist, befeuchte deine Hände leicht mit Wasser oder etwas mehr Nussbutter.

4. Bewahre die Energiebällchen in einem luftdichten Behälter im Kühlschrank auf. Sie halten sich mehrere Tage.

Diese Energiebällchen sind eine großartige Quelle für Protein, Ballaststoffe und gesunde Fette. Sie sind einfach zuzubereiten und können nach Belieben angepasst werden. Ideal für einen schnellen Energieschub!

GEFRORENE JOGHURT-BARK

Zutaten:

500 g griechischer Joghurt oder Naturjoghurt

2–3 Esslöffel Honig oder Ahornsirup

1 Teelöffel Vanilleextrakt

frische Früchte nach Wahl, z. B. Beeren, Bananenscheiben, Kiwischeiben

optional: gehackte Nüsse, Schokoladenstückchen, Kokosraspeln oder Granola

1. In einer Schüssel den Joghurt mit Honig oder Ahornsirup und Vanilleextrakt glatt rühren. Schmecke den Joghurt ab und passe die Süße nach Bedarf an.
2. Lege ein Backblech mit Backpapier aus.
3. Verteile die Joghurtmischung gleichmäßig auf dem Backblech. Die Schicht sollte etwa 1/2 cm dick sein.
4. Belege den Joghurt gleichmäßig mit den frischen Früchten. Füge nach Belieben weitere Toppings wie gehackte Nüsse, Schokoladenstückchen, Kokosraspeln oder Granola hinzu.
5. Stelle das Backblech für mindestens 4 Stunden oder über Nacht in den Gefrierschrank, bis der Joghurt vollständig gefroren ist.
6. Sobald der Joghurt fest ist, brich oder schneide ihn in Stücke oder Bark.
7. Serviere den gefrorenen Joghurt-Bark sofort oder bewahre die Stücke in einem luftdichten Behälter im Gefrierschrank auf.

Dieser gefrorene Joghurt-Bark ist eine großartige Möglichkeit, einen gesunden und köstlichen Snack zu genießen. Du kannst ihn mit verschiedenen Früchten und Toppings anpassen und nach deinen Vorlieben gestalten.

GEFÜLLTE DATTELN

Zutaten:

20–25 Medjool-Datteln

100 g Ziegenkäse oder Frischkäse

50 g Walnüsse oder Pekannüsse, grob gehackt

optional: Honig zum Beträufeln

optional: frischer Thymian oder Rosmarin für zusätzliches Aroma

1. Schlitze die Datteln auf einer Seite vorsichtig ein und entferne die Kerne.
2. In einer kleinen Schüssel den Ziegenkäse oder Frischkäse cremig rühren. Füge die gehackten Walnüsse hinzu und vermische alles gut. Du kannst auch etwas frischen Thymian oder Rosmarin für zusätzlichen Geschmack hinzufügen.
3. Verwende einen kleinen Löffel oder eine Spritztüte, um jede Dattel mit der Käse-Nuss-Mischung zu füllen. Die Füllung sollte gut in die Datteln passen, ohne herauszuquellen.
4. Für eine süße Note kannst du die gefüllten Datteln leicht mit Honig beträufeln.
5. Die gefüllten Datteln können sofort serviert oder kurz im Kühlschrank gekühlt werden, um die Füllung etwas zu festigen.

Gefüllte Datteln sind eine köstliche Kombination aus süßen, cremigen und nussigen Aromen. Sie sind sehr vielseitig und können als Snack, Teil eines Vorspeisentellers oder als elegante Ergänzung zu einer Käseplatte dienen.

GEMÜSECHIPS

Zutaten:

Verschiedene Gemüsesorten, wie Süßkartoffeln, Rote Beete, Karotten und Zucchini

Olivenöl

Salz

optional: Gewürze nach Wahl wie Paprikapulver, Rosmarin, Thymian oder Knoblauchpulver

1. Heize den Ofen auf 180 °C vor und lege ein Backblech mit Backpapier aus.
2. Wasche das Gemüse gründlich und schneide es in sehr dünne Scheiben. Eine Mandoline oder ein scharfes Messer eignet sich hierfür am besten.
3. Gib die Gemüsescheiben in eine große Schüssel. Träufle ein wenig Olivenöl darüber und würze sie mit Salz und optional mit weiteren Gewürzen. Vermische alles vorsichtig, sodass jede Scheibe leicht mit Öl benetzt ist.
4. Verteile die Gemüsescheiben in einer einzigen Schicht auf dem Backblech. Achte darauf, dass sie sich nicht überlappen, damit sie gleichmäßig knusprig werden.
5. Backe die Gemüsechips für etwa 20–25 Minuten oder bis sie knusprig sind. Die genaue Backzeit kann je nach Dicke der Scheiben und des Gemüsetyps variieren. Wende sie zur Hälfte der Backzeit einmal, um eine gleichmäßige Bräunung zu gewährleisten.
6. Lass die Chips nach dem Backen ein paar Minuten auf dem Blech abkühlen, damit sie weiter aushärten und knusprig werden.
7. Genieße die Gemüsechips als gesunden Snack. Sie können sowohl warm als auch kalt serviert werden.

Diese Gemüsechips sind eine großartige Alternative zu herkömmlichen Kartoffelchips und lassen sich mit verschiedenen Gemüsesorten und Gewürzen variieren.

HAFERFLOCKEN-RIEGEL

Zutaten:

2 Tassen Haferflocken

1/2 Tasse gemischte Nüsse, grob gehackt (z. B. Mandeln, Walnüsse, Pekannüsse)

1/2 Tasse Honig oder Ahornsirup

1/2 Tasse Erdnussbutter oder Mandelbutter

1/4 Tasse getrocknete Früchte (z. B. Cranberrys, Rosinen, gehackte Datteln)

1/4 Tasse dunkle Schokoladenstückchen oder -chips (optional)

1 Teelöffel Vanilleextrakt

1 Prise Salz

1. Heize den Ofen auf 180 °C vor. Verteile die Haferflocken und Nüsse auf einem Backblech und röste sie im Ofen für etwa 10 Minuten, bis sie leicht goldbraun sind.
2. In einem kleinen Topf bei niedriger Hitze Honig oder Ahornsirup und Erdnussbutter zusammen erwärmen, bis die Mischung flüssig und gut vermischt ist. Füge den Vanilleextrakt hinzu.
3. Gib die gerösteten Haferflocken und Nüsse in eine große Schüssel. Füge die getrockneten Früchte und optional die Schokoladenstückchen hinzu. Gieße die warme Honig-Nussbutter-Mischung darüber und rühre alles gut um, sodass die trockenen Zutaten gleichmäßig benetzt sind.
4. Drücke die Mischung fest in eine mit Backpapier ausgelegte quadratische oder rechteckige Form. Achte darauf, dass die Oberfläche glatt und fest gepresst ist.
5. Stelle die Form für mindestens 1 Stunde in den Kühlschrank, damit die Riegel fest werden.
6. Hebe die feste Mischung aus der Form und schneide sie in Riegel oder Quadrate.
7. Bewahre die Haferflocken-Riegel in einem luftdichten Behälter im Kühlschrank auf.

Diese Haferflocken-Riegel sind nicht nur lecker, sondern auch eine gesunde Snackoption. Du kannst das Rezept leicht variieren, indem du verschiedene Nüsse, Samen oder Früchte hinzufügst.

HAUSGEMACHTE KÄSE-CRACKER

Zutaten:

1 Tasse Mehl

1/2 Tasse geriebener Cheddarkäse (oder ein anderer würziger Hartkäse)

1/4 Tasse weiche Butter

1/4 Teelöffel Salz

1/4 Teelöffel Paprikapulver (optional)

3–4 Esslöffel kaltes Wasser

1. In einer großen Schüssel Mehl, geriebenen Käse, weiche Butter, Salz und Paprikapulver (falls verwendet) vermischen. Die Zutaten zu einem krümeligen Teig verarbeiten.

2. Füge langsam das kalte Wasser hinzu, bis der Teig zusammenkommt. Knete den Teig auf einer leicht bemehlten Oberfläche, bis er geschmeidig ist.

3. Rolle den Teig auf einer bemehlten Oberfläche dünn aus. Für gleichmäßig dicke Cracker kannst du ein Nudelholz mit einstellbarer Dicke verwenden.

4. Schneide den Teig mit einem Messer oder einer Teigrolle in kleine Quadrate oder Rechtecke. Du kannst auch Ausstechformen verwenden, um Formen wie Kreise oder Sterne zu machen.

5. Stich mit einer Gabel Löcher in jeden Cracker, damit sie beim Backen nicht aufgehen.

6. Lege die Cracker auf ein mit Backpapier ausgelegtes Backblech und backe sie bei 180 °C für ca. 12–15 Minuten, bis sie goldbraun und knusprig sind.

7. Lass die Cracker nach dem Backen auf einem Gitter abkühlen. Sie können sowohl warm als auch kalt serviert werden.

Diese hausgemachten Käse-Cracker sind knusprig und voller Geschmack. Sie sind perfekt als Snack, für Partys oder als Beilage zu Suppen und Salaten. Du kannst mit verschiedenen Käsesorten und Gewürzen experimentieren, um verschiedene Geschmacksrichtungen zu kreieren.

KLEINE PIZZASCHNECKEN

Zutaten:

1 Packung fertiger Pizzateig (oder selbst gemachter Pizzateig)

1/2 Tasse Pizzasoße

1 Tasse geriebener Mozzarella-Käse

1/2 Tasse Salami oder Peperoni, in Scheiben

optional: weitere Beläge nach Wahl wie gehackte Oliven, Pilze, Paprika

1 Teelöffel getrockneter Oregano

1 Ei, leicht geschlagen (zum Bestreichen)

optional: geriebener Parmesan oder Kräuter für die Oberseite

1. Heize den Ofen auf 200 °C vor und lege ein Backblech mit Backpapier aus.
2. Rolle den Pizzateig auf einer bemehlten Oberfläche zu einem Rechteck aus, etwa 5 mm dick.
3. Bestreiche den Teig gleichmäßig mit der Pizzasoße. Streue den Mozzarella-Käse und die Salami- oder Peperoni-Scheiben darüber. Füge bei Bedarf weitere Beläge hinzu. Bestreue alles mit dem getrockneten Oregano.
4. Rolle den belegten Teig von der langen Seite her auf. Drücke die Kante leicht an, um sie zu versiegeln.
5. Schneide die Teigrolle in etwa 2 cm dicke Scheiben.
6. Lege die Pizzaschnecken mit der Schnittseite nach oben auf das vorbereitete Backblech. Bestreiche sie leicht mit dem geschlagenen Ei und bestreue sie optional mit Parmesan oder zusätzlichen Kräutern.
7. Backe die Pizzaschnecken für etwa 12–15 Minuten, bis sie goldbraun sind und der Käse geschmolzen ist.
8. Lass die Pizzaschnecken kurz abkühlen und serviere sie warm.

Diese kleinen Pizzaschnecken sind einfach zuzubereiten und bei Kindern und Erwachsenen gleichermaßen beliebt. Du kannst die Füllung nach Belieben anpassen, um verschiedene Geschmacksrichtungen zu kreieren.

MINI-FRITTATAS

Zutaten:

6 große Eier

1/4 Tasse Milch

Salz und Pfeffer nach Geschmack

1/2 Tasse geriebener Käse (z. B. Cheddar, Gouda oder Feta)

1/2 Tasse Gemüse nach Wahl, fein gehackt (z. B. Paprika, Zucchini, Spinat, Tomaten)

1/4 Tasse Schinken oder gekochter Speck, gewürfelt (optional)

1 kleine Zwiebel, fein gewürfelt

1–2 Knoblauchzehen, fein gehackt

optional: Kräuter wie Petersilie, Schnittlauch oder Basilikum, fein gehackt

1. Heize den Ofen auf 180 °C vor. Fetten eine Muffinform mit etwas Öl oder Butter ein oder verwende Muffinpapierförmchen.
2. Schlage in einer Schüssel die Eier mit der Milch auf. Würze mit Salz und Pfeffer.
3. Füge den geriebenen Käse, das Gemüse, Schinken oder Speck (falls verwendet), Zwiebel, Knoblauch und optional Kräuter hinzu. Vermische alles gut.
4. Verteile die Eiermischung gleichmäßig auf die vorbereiteten Muffinmulden.
5. Backe die Mini-Frittatas für etwa 15–20 Minuten im vorgeheizten Ofen, bis sie gestockt und leicht goldbraun sind.
6. Lasse die Frittatas einige Minuten in der Form abkühlen, bevor du sie herausnimmst. Sie können sowohl warm als auch kalt serviert werden.

Mini-Frittatas sind ein vielseitiger Snack, bei dem du je nach Vorliebe verschiedene Zutaten und Gemüsesorten verwenden kannst. Sie sind auch eine tolle Möglichkeit, Reste zu verwerten.

MINI-QUICHES

Zutaten für den Teig:

1,5 Tassen Mehl

1/2 Teelöffel Salz

115 g kalte Butter, in Stücke geschnitten

3–4 Esslöffel kaltes Wasser

Zutaten für die Füllung:

3 große Eier

1/2 Tasse Sahne oder Milch

Salz und Pfeffer nach Geschmack

1/2 Tasse geriebener Käse (z. B. Cheddar, Gruyère oder Feta)

zusätzliche Zutaten nach Wahl, z. B. gekochter Speck, gewürfelte Schinken, gehacktes Gemüse, frische Kräuter

1. Vermische Mehl und Salz in einer großen Schüssel. Füge die kalte Butter hinzu und verarbeite sie mit den Fingerspitzen oder einem Teigmischer, bis die Mischung krümelig ist. Gib nach und nach kaltes Wasser hinzu, bis der Teig zusammenkommt. Forme den Teig zu einer Scheibe, wickle ihn in Frischhaltefolie und kühle ihn für mindestens 30 Minuten.
2. Fetten eine Mini-Muffinform ein oder verwende kleine Tarteletteförmchen.
3. Rolle den Teig auf einer bemehlten Oberfläche aus. Stich mit einem runden Ausstecher oder einem Glas Kreise aus, die etwas größer als die Muffinmulden sind. Lege die Teigkreise in die Muffinform und drücke sie leicht an.
4. Schlage in einer Schüssel die Eier mit Sahne/Milch, Salz und Pfeffer auf. Verteile den geriebenen Käse und die gewählten Zusatzzutaten auf den Teigböden.
5. Gieße die Eiermischung in jede Teigmulde. Backe die Mini-Quiches bei 180 °C für etwa 15–20 Minuten, bis die Füllung fest und die Teigränder goldbraun sind.
6. Lass die Mini-Quiches in der Form etwas abkühlen, bevor du sie herausnimmst. Sie können warm oder bei Raumtemperatur serviert werden.

Diese Mini-Quiches sind vielseitig und können mit einer Vielzahl von Zutaten angepasst werden. Sie sind perfekt für Partys, als Vorspeise oder als Snack für unterwegs.

RICE-KRISPIE-TREATS

Zutaten

6 Tassen Rice Krispies (oder eine ähnliche gepuffte Reis-Cerealie)

3 Esslöffel Butter

1 Packung (etwa 400 g) Marshmallows

optional: Vanilleextrakt, Schokoladenstückchen, Nüsse oder bunte Streusel für zusätzlichen Geschmack und Dekoration

1. Lege eine 23×33 cm (oder ähnlich große) Backform mit Backpapier aus oder fette sie leicht ein.

2. In einem großen Topf bei niedriger Hitze die Butter schmelzen. Füge die Marshmallows hinzu und rühre ständig, bis sie vollständig geschmolzen und mit der Butter vermischt sind. Falls du Vanilleextrakt verwenden möchtest, kannst du ihn jetzt hinzufügen.

3. Vom Herd nehmen und sofort die Rice Krispies hinzufügen. Rühre schnell, um sicherzustellen, dass sie gleichmäßig mit der Marshmallow-Mischung überzogen sind.

4. Gib die Mischung in die vorbereitete Form. Verwende einen Spatel oder leicht eingefettete Hände, um die Masse gleichmäßig in der Form zu verteilen und glatt zu drücken.

5. Lasse die Mischung bei Raumtemperatur abkühlen und fest werden. Das dauert normalerweise etwa 30 Minuten.

6. Wenn die Masse fest ist, hebe sie aus der Form und schneide sie in Quadrate oder Rechtecke in der gewünschten Größe.

7. Falls gewünscht, kannst du die Rice-Krispie-Treats mit geschmolzener Schokolade beträufeln oder mit Streuseln dekorieren.

Diese Leckereien sind perfekt für Partys, Picknicks oder einfach als süßer Snack. Sie sind auch eine großartige Möglichkeit, mit verschiedenen Zusätzen zu experimentieren und so immer wieder neue Geschmacksrichtungen zu kreieren.

RICOTTA-UND-HONIG-CROSTINI

Zutaten:

1 Baguette, in Scheiben geschnitten

Olivenöl

1 Tasse Ricotta-Käse

Honig zum Beträufeln

frische Kräuter wie Thymian oder Rosmarin (optional)

Salz und frisch gemahlener schwarzer Pfeffer

optional: geröstete Pinienkerne oder gehackte Walnüsse für zusätzliche Textur

1. Heize den Ofen auf 180 °C vor. Lege die Baguettescheiben auf ein Backblech und beträufle sie leicht mit Olivenöl. Backe sie im Ofen für etwa 5–10 Minuten, bis sie leicht goldbraun und knusprig sind.
2. Nimm die gerösteten Brotscheiben aus dem Ofen und lass sie etwas abkühlen. Bestreiche jede Scheibe großzügig mit Ricotta-Käse.
3. Beträufle die mit Ricotta belegten Crostini mit etwas Honig. Bestreue sie nach Wunsch mit frischen Kräutern, etwas Salz und frisch gemahlenem schwarzen Pfeffer.
4. Für zusätzliche Textur und Geschmack kannst du geröstete Pinienkerne oder gehackte Walnüsse über die Crostini streuen.
5. Die Ricotta-und-Honig-Crostini sofort servieren, während das Brot noch warm und knusprig ist.

Dieses Gericht ist eine wunderbare Kombination aus der Cremigkeit des Ricottas, der Süße des Honigs und dem knusprigen Baguette. Es ist einfach zuzubereiten und kann je nach Geschmack mit verschiedenen Kräutern und Toppings angepasst werden.

ZUCCHINI-UND-MAIS-FRITTERS

Zutaten:

2 mittelgroße Zucchini, grob geraspelt

1 Tasse Maiskörner (frisch, gefroren oder aus der Dose)

2 Frühlingszwiebeln, fein gehackt

1 Knoblauchzehe, fein gehackt

3/4 Tasse Mehl

1/2 Teelöffel Backpulver

2 große Eier, leicht geschlagen

1/2 Tasse geriebener Käse (z. B. Cheddar oder Feta)

Salz und Pfeffer nach Geschmack

Pflanzenöl zum Braten

optional: frische Kräuter wie Dill oder Petersilie

1. Lege die geraspelten Zucchini in ein Sieb und streue etwas Salz darüber. Lasse sie für 10 Minuten stehen, um überschüssige Flüssigkeit zu entfernen. Drücke danach die Zucchini mit den Händen aus, um so viel Wasser wie möglich zu entfernen.

2. In einer großen Schüssel kombiniere die ausgedrückten Zucchini, Maiskörner, Frühlingszwiebeln, Knoblauch, Mehl, Backpulver, Eier und geriebenen Käse. Würze mit Salz und Pfeffer. Rühre alles gut um, bis ein dickflüssiger Teig entsteht. Füge bei Bedarf frische Kräuter hinzu.

3. Erhitze das Öl in einer großen Pfanne bei mittlerer Hitze. Gib mit einem Löffel kleine Portionen des Teigs in die Pfanne und drücke sie flach, um Fritters zu formen. Brate sie von jeder Seite 3–4 Minuten, bis sie goldbraun und durchgegart sind. Arbeite in Chargen, um die Pfanne nicht zu überfüllen.

4. Lege die fertigen Fritters auf Küchenpapier, um überschüssiges Öl aufzunehmen.

5. Serviere die Zucchini-und-Mais-Fritters heiß. Sie können mit Joghurt-Dip, saurer Sahne oder einem Chutney serviert werden.

Diese Fritters sind eine tolle Möglichkeit, Gemüse in einer appetitlichen Form zu genießen. Sie sind perfekt als Beilage, Snack oder sogar als leichtes Hauptgericht geeignet.

SMOOTHIES

ERDBEER-BANANEN-SMOOTHIE

Zutaten:
1 reife Banane

1 Tasse frische oder gefrorene Erdbeeren

1/2 Tasse griechischer Joghurt oder eine pflanzliche Joghurtalternative

1/2 Tasse Milch oder eine pflanzliche Milchalternative (wie Mandel-, Soja- oder Hafermilch)

optional: ein Esslöffel Honig oder Ahornsirup zum Süßen

optional: ein paar Eiswürfel, falls frische Erdbeeren verwendet werden

optional: ein Teelöffel Chiasamen oder Leinsamen für zusätzliche Ballaststoffe

1. Wenn du frische Erdbeeren verwendest, wasche sie und entferne die Stiele. Schäle die Banane.

2. Gib Banane, Erdbeeren, griechischen Joghurt und Milch in einen Mixer. Füge Honig oder Ahornsirup hinzu, wenn du den Smoothie süßer magst. Falls du frische Erdbeeren verwendest und einen kälteren Smoothie möchtest, kannst du einige Eiswürfel hinzufügen.

3. Mixe alle Zutaten auf hoher Stufe, bis der Smoothie cremig und glatt ist. Wenn du Chia- oder Leinsamen verwendest, kannst du sie jetzt hinzufügen und nochmals kurz mixen.

4. Gieße den Smoothie in ein Glas und serviere ihn sofort.

Dieser Erdbeer-Bananen-Smoothie ist nicht nur lecker, sondern auch gesund. Er ist perfekt für ein schnelles Frühstück, als Snack oder nach dem Sport. Du kannst das Rezept leicht anpassen, indem du verschiedene Früchte, Joghurt oder Milchalternativen verwendest.

GRÜNER SMOOTHIE

Zutaten:

1 Tasse frischer Spinat oder Grünkohl (stiele entfernt)

1 reife Banane

1/2 Tasse gefrorene Ananas- oder Mangostücke

1 kleiner Apfel oder eine Birne, entkernt und grob gehackt

1/2 Tasse Wasser, Kokoswasser oder pflanzliche Milch

optional: ein Esslöffel Chiasamen oder Leinsamen

optional: ein paar Minzblätter oder ein Stück Ingwer für zusätzlichen Geschmack

optional: Honig oder Ahornsirup zum Süßen

1. Wasche den Spinat oder Grünkohl gründlich. Schäle die Banane und schneide sie in Stücke.
2. Gib Spinat/Grünkohl, die Banane, die gefrorenen Ananas- oder Mangostücke und Apfel/Birne in einen Mixer. Füge Wasser, Kokoswasser oder pflanzliche Milch hinzu. Für zusätzliche Nährstoffe kannst du Chiasamen oder Leinsamen hinzufügen.
3. Mixe alle Zutaten auf hoher Stufe, bis der Smoothie cremig und glatt ist. Füge nach Geschmack Minzblätter, Ingwer, Honig oder Ahornsirup hinzu.
4. Gieße den Smoothie in ein Glas und genieße ihn sofort.

Dieser grüne Smoothie ist nicht nur nährstoffreich, sondern auch vielseitig. Du kannst mit verschiedenen grünen Blättern, Früchten und Zusätzen experimentieren, um deinen persönlichen Lieblingssmoothie zu kreieren.

SCHOKOLADEN-ERDNUSSBUTTER-SMOOTHIE

Zutaten:

1 reife Banane

2 Esslöffel Erdnussbutter

1–2 Esslöffel ungesüßtes Kakaopulver

1 Tasse Milch oder eine pflanzliche Milchalternative (z. B. Mandel-, Soja- oder Hafermilch)

optional: ein Esslöffel Honig oder Ahornsirup zum Süßen

optional: eine Prise Zimt

optional: ein Esslöffel Chiasamen oder gemahlene Leinsamen für zusätzliche Ballaststoffe und Omega-3-Fettsäuren

Eiswürfel

1. Schäle die Banane und schneide sie in Stücke. Wenn du eine dickere und kältere Konsistenz bevorzugst, kannst du die Banane vorher einfrieren.
2. Gib Bananenstücke, Erdnussbutter, Kakaopulver und Milch in einen Mixer. Füge Honig oder Ahornsirup hinzu, wenn du den Smoothie süßer magst. Für eine würzige Note kannst du eine Prise Zimt hinzufügen.
3. Mixe alle Zutaten auf hoher Stufe, bis der Smoothie cremig und glatt ist. Wenn du Chiasamen oder gemahlene Leinsamen verwendest, kannst du sie jetzt hinzufügen und nochmals kurz mixen.
4. Für eine kühlere Variante kannst du einige Eiswürfel in den Mixer geben oder den Smoothie über Eiswürfel in ein Glas gießen.
5. Serviere den Schokoladen-Erdnussbutter-Smoothie sofort für den besten Geschmack.

Dieser Smoothie ist eine großartige Kombination aus den reichhaltigen Aromen von Schokolade und Erdnussbutter und bietet gleichzeitig eine gute Balance aus Eiweiß, gesunden Fetten und natürlicher Süße. Ideal für einen nahrhaften Snack oder ein schnelles Frühstück.

TROPISCHER SMOOTHIE

Zutaten:

1 Tasse gefrorene Ananasstücke

1 Tasse gefrorene Mangostücke

1 reife Banane

1/2 Tasse Kokosmilch (oder eine andere Milchalternative)

1/2 Tasse Orangensaft

optional: eine halbe Tasse griechischer Joghurt oder eine pflanzliche Joghurtalternative für zusätzliche Cremigkeit

optional: ein Stück frischer Ingwer oder ein Schuss Limettensaft für etwas Schärfe

optional: Honig oder Ahornsirup zum Süßen

1. Wenn du frische Früchte verwendest, schneide sie in kleine Stücke und friere sie vorab ein. Schäle die Banane.
2. Gib die gefrorenen Ananas- und Mangostücke, die Banane, Kokosmilch und Orangensaft in einen Mixer. Füge optional griechischen Joghurt für eine cremigere Konsistenz hinzu. Wenn du möchtest, kannst du auch ein kleines Stück frischen Ingwer oder etwas Limettensaft für zusätzlichen Geschmack hinzufügen.
3. Mixe alle Zutaten auf hoher Stufe, bis der Smoothie cremig und glatt ist. Süße nach Bedarf mit Honig oder Ahornsirup.
4. Gieße den Smoothie in ein Glas und serviere ihn sofort.

Dieser tropische Smoothie ist perfekt für ein erfrischendes Frühstück oder einen belebenden Snack. Die Kombination aus Ananas, Mango und Banane bietet eine natürlich süße Basis, während Kokosmilch und Orangensaft tropische Aromen hinzufügen. Du kannst das Rezept leicht variieren, indem du verschiedene tropische Früchte oder Zusätze verwendest.

WASSERMELONEN-MINZ-SMOOTHIE

Zutaten:

2 Tassen Wassermelonen-würfel (kernlos)

Saft einer Limette

1 Handvoll frische Minzblätter

1/2 Tasse Wasser oder Kokoswasser

Eiswürfel

optional: ein Esslöffel Honig oder Agavendicksaft zum Süßen

optional: ein paar frische Erdbeeren oder Himbeeren für zusätzlichen Geschmack

1. Schneide die Wassermelone in Würfel. Für einen kühleren Smoothie kannst du die Wassermelonenwürfel vorher einfrieren.
2. Gib die Wassermelonenwürfel, den frisch gepressten Limettensaft und die Minzblätter in einen Mixer. Füge Wasser oder Kokoswasser hinzu, um die Flüssigkeit zu erhöhen und das Mixen zu erleichtern.
3. Füge je nach gewünschter Konsistenz einige Eiswürfel hinzu. Wenn du den Smoothie süßer magst, kannst du Honig oder Agavendicksaft hinzufügen. Für mehr Fruchtgeschmack füge optional Erdbeeren oder Himbeeren hinzu.
4. Mixe alle Zutaten auf hoher Stufe, bis der Smoothie glatt und gut gemischt ist.
5. Gieße den Smoothie in Gläser und serviere ihn sofort.

Dieser Wassermelonen-Minz-Smoothie ist nicht nur köstlich und erfrischend, sondern auch hydratisierend und leicht. Er ist perfekt für heiße Sommertage oder als gesunder Snack zwischendurch.

GRIECHISCHER JOGHURT-DIP (TSATSIKI)

Zutaten:

500 g griechischer Joghurt

1 große Gurke

2–3 Knoblauchzehen,
fein gehackt

2 Esslöffel Olivenöl

1 Esslöffel frisch gepresster
Zitronensaft

1–2 Esslöffel frisch
gehackter Dill
(alternativ Minze)

Salz und Pfeffer nach
Geschmack

1. Reibe die Gurke und drücke den Saft mit den Händen oder einem sauberen Tuch aus, um überschüssige Flüssigkeit zu entfernen. Das ist wichtig, damit der Dip nicht zu wässrig wird.
2. In einer Schüssel den griechischen Joghurt mit Olivenöl, Zitronensaft, gehacktem Knoblauch und dem gehackten Dill oder der Minze gut vermischen.
3. Füge die geraspelte Gurke zum Joghurt hinzu und mische alles gründlich. Schmecke den Dip mit Salz und Pfeffer ab.
4. Lasse den Tsatziki-Dip vor dem Servieren mindestens eine Stunde im Kühlschrank ziehen, damit sich die Aromen entfalten können.
5. Serviere den griechischen Joghurt-Dip als Beilage zu gegrilltem Fleisch, als Dip für Gemüsesticks oder als köstlichen Aufstrich für Brot.

Tsatsiki ist ein erfrischender und vielseitiger Dip, der besonders in den Sommermonaten beliebt ist. Er lässt sich leicht vorbereiten und ist ein perfekter Begleiter für eine Vielzahl von Gerichten.

GUACAMOLE

Zutaten:

3 reife Avocados

1 reife Tomate, fein gewürfelt

1 kleine Zwiebel, fein gehackt

1–2 Knoblauchzehen, fein gehackt

Saft einer Limette

1 Handvoll frischer Koriander, gehackt

Salz und Pfeffer nach Geschmack

optional: eine kleine grüne Chili, entkernt und fein gehackt

1. Halbiere die Avocados, entferne die Kerne und löffele das Fruchtfleisch in eine Schüssel.
2. Zerdrücke das Avocado-Fruchtfleisch mit einer Gabel, bis es die gewünschte Konsistenz hat. Einige bevorzugen eine stückige Guacamole, andere eine cremigere.
3. Füge die gewürfelte Tomate, die gehackte Zwiebel, Knoblauch, Limettensaft und den gehackten Koriander hinzu. Wenn du es etwas schärfer magst, kannst du auch die gehackte grüne Chili dazugeben.
4. Würze die Guacamole mit Salz und Pfeffer. Schmecke sie ab und passe die Gewürze gegebenenfalls an.
5. Serviere die Guacamole sofort oder bedecke sie mit Plastikfolie direkt auf der Oberfläche der Guacamole, um zu verhindern, dass sie braun wird, und bewahre sie im Kühlschrank auf, bis sie serviert wird.

Guacamole ist ein vielseitiger Dip, der zu Tortillachips, als Beilage zu mexikanischen Gerichten oder als Aufstrich für Sandwiches und Wraps passt. Es ist ein einfaches, aber köstliches Rezept, das immer gut ankommt.

HUMMUS

Zutaten:

1 Dose (ca. 400 g) Kichererbsen, abgetropft und gespült

2–3 Esslöffel Tahini (Sesampaste)

1 große Knoblauchzehe, gehackt

Saft von 1 Zitrone

2–3 Esslöffel Olivenöl

Salz und Pfeffer nach Geschmack

optional: Kreuzkümmel, Paprikapulver, frische Kräuter (z. B. Petersilie), weitere Gewürze nach Belieben

1. Gib die Kichererbsen in eine Küchenmaschine oder einen Mixer und püriere sie zu einer gleichmäßigen Masse.
2. Füge Tahini, gehackten Knoblauch, Zitronensaft und Olivenöl hinzu. Püriere weiter, bis eine glatte und cremige Mischung entsteht. Wenn der Hummus zu dick ist, kannst du etwas Wasser hinzufügen, um die gewünschte Konsistenz zu erreichen.
3. Schmecke den Hummus mit Salz, Pfeffer und optional Kreuzkümmel oder anderen Gewürzen ab.
4. Fülle den Hummus in eine Schale um. Du kannst ihn mit einem Spritzer Olivenöl, Paprikapulver und frischen Kräutern garnieren.
5. Serviere den Hummus mit Gemüsesticks, Pita-Brot, Crackern oder als Beilage zu Gerichten.

Hummus ist nicht nur lecker, sondern auch vielseitig und gesund. Du kannst das Grundrezept leicht anpassen, indem du zusätzliche Zutaten wie geröstete Paprika, Oliven oder getrocknete Tomaten hinzufügst.

QUESO-DIP

Zutaten:

1 Esslöffel Butter

1 Esslöffel Mehl

1 Tasse Milch

2 Tassen geriebener Käse (z. B. Cheddar, Monterey Jack oder eine Mischung)

1 Dose (ca. 400 g) gehackte Tomaten mit grünen Chilis (z. B. Rotel Tomatoes)

1/2 Teelöffel Knoblauchpulver

1/2 Teelöffel Zwiebelpulver

1/2 Teelöffel Kreuzkümmel

Salz und Cayennepfeffer nach Geschmack

optional: gehackte frische Jalapeños oder Koriander für zusätzlichen Geschmack und Schärfe

1. In einem Topf die Butter bei mittlerer Hitze schmelzen. Füge das Mehl hinzu und rühre um, bis eine glatte Paste entsteht. Koche die Mischung für etwa eine Minute unter ständigem Rühren.
2. Gieße langsam die Milch hinzu, dabei ständig rühren, um Klumpenbildung zu vermeiden. Koche die Mischung, bis sie anfängt, sich zu verdicken.
3. Reduziere die Hitze und füge den geriebenen Käse hinzu. Rühre kontinuierlich, bis der Käse vollständig geschmolzen und die Mischung glatt ist.
4. Füge die gehackten Tomaten mit Chilis, Knoblauchpulver, Zwiebelpulver, Kreuzkümmel und Salz hinzu. Rühre, bis alles gut vermischt ist. Wenn du möchtest, kannst du auch gehackte Jalapeños oder Koriander für zusätzlichen Geschmack hinzufügen.
5. Schmecke den Dip mit Salz und Cayennepfeffer ab. Serviere den Queso-Dip warm mit Tortillachips, als Belag für Nachos oder als Beilage zu mexikanischen Gerichten.

Dieser Queso-Dip ist ein Hit auf jeder Party und passt perfekt zu einer Vielzahl von Snacks und Gerichten.

RANCH-DIP

Zutaten:

1 Tasse saure Sahne oder griechischer Joghurt

1/2 Tasse Mayonnaise

1/4 Tasse Buttermilch oder normale Milch

1–2 Knoblauchzehen, fein gehackt oder gepresst

1 Esslöffel frischer Dill, fein gehackt

1 Esslöffel frische Petersilie, fein gehackt

1 Esslöffel frischer Schnittlauch, fein gehackt

1/2 Teelöffel Zwiebelpulver

1/2 Teelöffel Knoblauchpulver

Salz und Pfeffer nach Geschmack

optional: ein Spritzer Zitronensaft oder Weißweinessig

1. In einer Schüssel saure Sahne (oder griechischen Joghurt), Mayonnaise und Buttermilch glattrühren.
2. Füge den gehackten Knoblauch, Dill, Petersilie, Schnittlauch, Zwiebelpulver und Knoblauchpulver hinzu. Gut umrühren, um alle Zutaten zu kombinieren.
3. Schmecke den Dip mit Salz, Pfeffer und optional einem Spritzer Zitronensaft oder Weißweinessig ab.
4. Lasse den Dip vor dem Servieren mindestens 30 Minuten im Kühlschrank ziehen, damit sich die Aromen entfalten können.
5. Der Ranch-Dip eignet sich hervorragend als Beilage zu Gemüsesticks, als Dressing für Salate oder als Soße für gegrilltes Fleisch und Burger.

Dieser hausgemachte Ranch-Dip ist cremig, erfrischend und voller Geschmack. Er ist eine großartige Alternative zu fertigen Dressings und Dips aus dem Supermarkt.

SALSA-DIP

Zutaten:

4 reife Tomaten, gewürfelt

1 mittelgroße rote Zwiebel, fein gehackt

1 grüne oder rote Paprika, gewürfelt

1–2 Jalapeños oder grüne Chilis, entkernt und fein gehackt (optional, je nach gewünschter Schärfe)

2–3 Knoblauchzehen, fein gehackt oder gepresst

Saft von 1–2 Limetten

frischer Koriander, gehackt (nach Geschmack)

Salz und Pfeffer nach Geschmack

optional: ein Teelöffel gemahlener Kreuzkümmel

1. Wasche und würfle die Tomaten, Zwiebel und Paprika. Für eine schärfere Salsa, füge fein gehackte Jalapeños oder grüne Chilis hinzu.
2. In einer Schüssel kombiniere die gewürfelten Tomaten, Zwiebel, Paprika, Jalapeños (falls verwendet), Knoblauch, Limettensaft und gehackten Koriander. Vermische alles gut.
3. Schmecke die Salsa mit Salz, Pfeffer und optional Kreuzkümmel ab.
4. Lasse die Salsa vor dem Servieren mindestens 30 Minuten im Kühlschrank ziehen, damit sich die Aromen entfalten können.
5. Serviere die Salsa mit Tortillachips, als Belag für Tacos oder Nachos oder zu gegrilltem Fleisch und Gemüse.

Dieser frische Salsa-Dip ist nicht nur lecker und einfach zuzubereiten, sondern auch vielseitig einsetzbar. Er eignet sich hervorragend als Beilage zu mexikanischen Gerichten, als Dip für Chips oder als frische Ergänzung zu gegrilltem Fleisch und Gemüse.

SPINAT-ARTISCHOCKEN-DIP

Zutaten

1 Dose (ca. 400 g) Artischockenherzen, abgetropft und gehackt

1 Packung (ca. 200 g) gefrorener Spinat, aufgetaut und ausgedrückt

1/2 Tasse Sauerrahm

1/2 Tasse Mayonnaise

1/2 Tasse geriebener Parmesankäse

1/2 Tasse geriebener Mozzarella

2–3 Knoblauchzehen, fein gehackt

Salz und Pfeffer nach Geschmack

optional: ein viertel Teelöffel Cayennepfeffer oder rote Chiliflocken für etwas Schärfe

1. Heize deinen Ofen auf 180 °C vor.
2. Stell sicher, dass der Spinat gut ausgedrückt ist, um überschüssige Flüssigkeit zu entfernen. Hacke die Artischockenherzen in kleinere Stücke.
3. Vermische in einer großen Schüssel den ausgedrückten Spinat, die gehackten Artischockenherzen, Sauerrahm, Mayonnaise, Parmesankäse, Mozzarella und gehackten Knoblauch. Schmecke den Dip mit Salz, Pfeffer und optional Cayennepfeffer oder Chiliflocken ab.
4. Fülle die Mischung in eine Auflaufform und backe sie für 20–25 Minuten, bis sie heiß und der Käse geschmolzen ist.
5. Der Spinat-Artischocken-Dip kann heiß serviert werden, idealerweise mit Tortillachips, Baguettescheiben oder Gemüsesticks.

Dieser Dip ist ein echter Party-Hit und eine tolle Möglichkeit, eine herzhafte und geschmackvolle Vorspeise anzubieten. Er lässt sich auch gut vorbereiten und kann vor dem Servieren einfach aufgewärmt werden.

DAS GROßE FINALE

Herzlichen Glückwunsch! Du hast das Ende dieses aufregenden kulinarischen Abenteuers erreicht.
Ich hoffe, dass du auf deiner Reise durch die Welt des Kochens nicht nur leckere Gerichte kreiert, sondern auch wertvolle Fähigkeiten und Kenntnisse erworben hast, die dir ein Leben lang Freude bereiten werden.
In diesem Buch haben wir gemeinsam Grundlagen erlernt, verschiedene Techniken ausprobiert und eine Vielzahl von Rezepten entdeckt. Von einfachen Snacks bis hin zu beeindruckenden Hauptgerichten hast du erfahren, dass Kochen Spaß macht und jeder es lernen kann. Ich hoffe, dass du die Rezepte nicht nur nachgekocht, sondern auch angepasst und zu deinen eigenen gemacht hast.

Auch wenn dieses Buch endet, ist deine Kochreise noch lange nicht vorbei. Hier sind einige Tipps, wie du weitermachen kannst:

- **Experimentiere weiter:** Trau dich, neue Zutaten auszuprobieren und eigene Rezepte zu entwickeln.
- **Teile dein Essen:** Kochen ist eine wunderbare Art, Zeit mit Familie und Freunden zu verbringen. Überrasche sie mit deinen Kreationen.
- **Bleib neugierig:** Es gibt unzählige Küchenstile und Techniken zu entdecken. Vielleicht findest du ja dein nächstes Lieblingsgericht in einer ganz anderen Küchentradition.
- **Lerne aus Fehlern:** Jeder macht mal Fehler. Das Wichtigste ist, daraus zu lernen und es beim nächsten Mal besser zu machen.

Denke immer daran, dass Kochen nicht nur eine Fähigkeit, sondern eine Kunst ist, die Kreativität und Leidenschaft vereint. Mit jedem Gericht, das du zubereitest, drückst du dich selbst aus und bereicherst nicht nur deinen eigenen Teller, sondern auch die Leben der Menschen um dich herum.

Bis zum nächsten Mal in der Küche – bleib hungrig nach Wissen und leidenschaftlich beim Kochen!

Printed in France by Amazon
Brétigny-sur-Orge, FR

20795823R00076